Gabriele Ebert

AF284661

Rafael Arnáiz Barón

Heiliger, Mystiker und Künstler

Eine Biografie

Bibliografische Informationen der Deutschen Bibliothek

Die Deutsche Bibliothek verzeichnet diese Publikation in der Deutschen Nationalbibliografie; detaillierte bibliografische Daten sind im Internet über http://dnb.ddb.de abrufbar.

© 2023 Gabriele Ebert

ISBN: 9783757819460

Umschlaggestaltung: BoD
Herstellung und Verlag: BoD - Books on Demand, Norderstedt
Printed in Germany

Inhaltsverzeichnis

Einleitung

Bruder Rafael ist hierzulande wenig bekannt, obwohl er 1992 von Papst Johannes Paul II. selig und 2009 von Papst Benedikt XVI. heiliggesprochen wurde.

Grundlage dieses Buches, das als eine Einführung verstanden werden soll, sind seine Opras Completas (Gesammelten Werke), eine posthume Zusammenstellung seiner Aufzeichnungen und Briefe, die unter dem Titel „Nur Gast auf Erden?" ins Deutsche übersetzt wurden. Sie erinnern sehr an die „Geschichte einer Seele" von Therese von Lisieux. Mit Therese hat Rafael auch gemeinsam, dass er sehr jung, mit erst 27, starb.

Sein besonderes Schicksal war es, dass er zwar den Ruf zum Mönch verspürte, aber wegen einer schweren Diabetes mellitus, die sich kurz nach Beginn seines Noviziats im Trappistenkloster San Isidro de Dueñas bei Palencia einstellte, das Kloster wieder verlassen musste. Er konnte schließlich nur als Oblate ins Kloster zurückkehren und kein volles Mitglied der Mönchsgemeinschaft werden. Auch danach musste er das Kloster noch zwei weitere Male verlassen, einmal, weil er ins Militär eingezogen wurde, und ein weiteres Mal erneut wegen seiner Krankheit. Es war ein ständiges Kommen ins Kloster und Verlassen des Klosters. Jedoch war ihm vergönnt, seine letzten Monate in seiner geliebten „Trapa" zu verbringen und dort zu sterben.

Rafael war künstlerisch sehr begabt und studierte vor seinem Eintritt ins Kloster Architektur in Madrid. Seine Bilder wurden in dem Kunstband La pintura y mensaje del Hermano Rafael veröffentlicht. Einige davon wurden in dieses Buch eingefügt. Weitere Fotos von ihm finden sich auf der Homepage des Klosters: https://www.abadiasanisidro.es/

Kindheit und Jugend

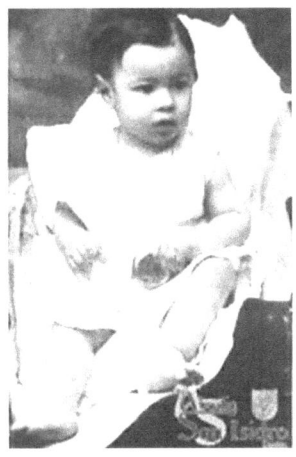

Rafael wurde am 9. April 1911 in der kastilischen Stadt Burgos (Spanien) geboren. Sein Vater Don Rafael Arnaíz Sánchez de la Campa war Ingenieur für Forstwesen und somit ein höherer Beamter. Seine Mutter, Dona Maria de la Mercedes Barón Torres, stammte aus einer aristokratischen Familie, war künstlerisch begabt und schrieb Kunst- und Theaterkritiken für die Presse. Die Familie war wohlhabend, angesehen und sehr religiös.

Rafael mit seiner Mutter

Rafael mit seinem Vater

Rafael war der älteste unter vier Geschwistern und hatte noch zwei Brüder: Luis Fernando und Leopoldo, sowie eine Schwester Mercedes. Mit achteinhalb empfing er am 25. Oktober 1919 die Erstkommunion. Im Oktober 1920 wurde er externer

Schüler des Jesuitenkollegs La Merced in Burgos und trat der Marianischen Kongregation bei.

Rafael, Luis Fernando, Leopoldo und Mercedes

Am 1. Dezember erkrankt Rafael am Coli-Bazillus-Fieber und musste den Besuch der Schule für mehrere Monate unterbrechen. Im darauffolgenden Sommer bekam er eine ernste Rippfellentzündung. Am Ende des Sommers, als er vollständig genesen war, nahm ihn sein Vater mit nach Saragossa, um ihn der Jungfrau, die dort verehrt wird, zu weihen und ihr für seine Genesung zu danken.

1922 zog die Familie nach Oviedo, da sein Vater versetzt worden war. Dort besuchte er ebenfalls die Jesuitenschule. Sie wohnten im Zentrum von Oviedo (Asturien) in einer schönen, geräumigen Wohnung gegenüber dem Campo de San Francisco, dem Garten des alten Franziskanerklosters, der in einen romantischen Park umgewandelt worden war. Von ihrer Wohnung aus war auf der anderen Seite des Parks die Jesuitenschule San Ignacio zu sehen, die Rafael fortan besuchte.

Der Schulpräfekt schrieb über Rafael: „Rafael Arnáiz Barón! Ein intelligenter Junge, wie man an seinen Zeugnisnoten erkennt. Hervorzuheben ist seine mathematische Begabung,

9

während seine Neigung für die Fächer der Geisteswissenschaften nicht besonders groß war, genau in dem Bereich, auf dem er später so brillant werden sollte.

Vom ersten Augenblick an eroberte er sich die Sympathien aller im Kolleg und wurde die Mitte, in der die Freude herrschte, die er in seinen Schulkameraden zu wecken verstand. Mit seinem Einfallsreichtum und seiner feinen fröhlichen und schelmischen Art zog er unweigerlich alle an, die um ihn waren. Er war wohlerzogen, sehr pflichtbewusst und äußerst fleißig. Seine Noten in Führung und Leistungen waren immer überdurchschnittlich. … Aufgrund seiner tiefen Frömmigkeit gehörte er zum Vorstand der Marianischen Kongregation. Man könnte Rafael so beschreiben: ein intelligentes, fröhliches Kind, ausgelassen beim Spiel, gewissenhaft beim Lernen, tief fromm."[1]

Ab 1926 nahm Rafael Zeichen- und Malunterricht bei dem Landschaftsmaler Don Eugenio Tamayo, da er sehr an Kunst interessiert war. Er widmete sich auch der Musik und dem Theater und bereiste mit seinem Vater Asturien.

Seine Mutter bemühte sich, ihre Liebe zur Musik auch auf die Kinder zu übertragen. Sie spielte hervorragend Klavier und

---

[1] Wenn ich tausend Leben hätte, S. 15

hatte sogar den ersten Preis bei einem Wettbewerb am Konservatorium in Madrid gewonnen. Rafael spielte Geige, und es gab lange Musikabende im Haus Arnaíz.

Im Juni 1929 beendete Rafael das Gymnasium am Jesuitenkolleg in Oviedo. Wegen seiner künstlerischen Neigungen wollte er Architektur studieren. Am 15. April 1930 erhielt er an der Universität Oviedo den Bachelor in Naturwissenschaften.

Über die Aufnahmeprüfung an der Hochschule für Architektur in Madrid schrieb er seinem Vater am 23. Juni 1930: „Die Prüfung im Zeichnen von Statuen habe ich glücklich hinter mir. Man gab uns den Moses von Michelangelo, den Du bestimmt kennst. Ich hatte einen sehr guten Platz, und zwar seitlich. Ich begab mich an die Arbeit mit Ruhe und Gelassenheit trotz der ungünstigen Zeit, die man uns ansetzte, nämlich von neun bis um ein Uhr in der Nacht. Ich muß Dir wohl nicht sagen, daß nach drei Tagen Examen die Leute aus Müdigkeit durchfallen, und mehr als eine Prüfung scheint das ein ‚Rekord' an Widerstandskraft zu sein. Aber für mich war es nicht so; da ich nämlich die Figur liebgewonnen hatte und mit Begeisterung und ohne Schwierigkeit an die Arbeit ging, erschien mir die Zeit nicht lang. Und nicht, weil ich es sage, aber sie gelang mir sehr gut. Ehrlich gesagt: ich hätte meine Zeichnung für keine der anderen sechzig getauscht, die in der Klasse waren."[1]

Es ist klar, dass er die Prüfung bestanden hatte.

In den folgenden beiden Jahren pendelte er zwischen Oviedo und Madrid.

Im Februar 1931 trat er der „Bruderschaft der Nächtlichen Anbetung" in Oviedo bei und zwei Monate später dem männlichen Zweig der Bruderschaft des hl. Vinzenz von Paul.

---

[1] Nur Gast, S. 30

Entwürfe von Rafael für Theaterkostüme für eine Benefizveranstaltung, die seine Mutter organisierte

Studentenleben in Madrid

Im September 1931 legte Rafael seine ersten Prüfungen ab.
Zum Semesterbeginn am 17. September 1932 zog er von O-
viedo nach Madrid. Er wählt eine Pension an der Plaza de
Callao im 8. Stock des Edificio de la Prensa, damals eines der
höchsten Häuser der Hauptstadt. Seinen Unterhalt, über den er
genau Buch führte und Rechenschaft ablegte, bezahlten seine
Eltern.

In dieser Zeit genoss er sein studentisches, privilegiertes Leben. Er las französische Zeitungen, von denen er seinem Bruder Fernando Ausschnitte schickte. In der Nähe der Pension
befanden sich die Erstaufführungskinos an der Gran Vía, in die
er gerne ging. Er besuchte Musikaufführungen und Kunstaus-
stellungen, gute Restaurants, und er ging mit seinem Freund
und Mitstudenten Juan Vallaure und anderen aus, um sich zu
amüsieren. Auch schwang er hin und wieder gern das Tanz-
bein. Seine Kommilitoninnen schwärmten von ihm, und ein

argentinisches Mädchen verfolgte ihn buchstäblich bis in sein Zimmer. Kurz und gut, er genoss sein Studentenleben.

Einer seiner Kommilitonen, der in der Pension das Zimmer mit ihm teilte, berichtete beim Seligsprechungsprozess, vermutlich von dem oben erwähnten Mädchen: „Eine junge Frau, die ein etwas leichtfertiges Leben führte und fast zwei Monate in unserer Pension wohnte, war ganz versessen auf Rafael. Eines Abends wollte sie ihn dazu bringen, mit ihr zu schlafen. Er lehnte es aber entschieden ab, und, um der Versuchung zu widerstehen, stand er auf und legte sich auf den Fußboden."[1]

Rafael schrieb gern lange Briefe an seine Verwandte und erzählte auf eine sehr humorvolle Art von seinem Alltag, wobei er dann die geschilderten Szenen gern illustrierte. So schrieb er am 4. November an seinen Bruder Fernando aus seiner Pension in Madrid: „Wir haben einen Pförtner, der nur aus Rücken besteht. Die Haare trägt er wie eine Bürste, an einem Auge hat er eine Narbe und ‚liest' auf dem Boden [es folgt eine Zeichnung]; keiner wagt ihm zu widersprechen. Der Laufbursche vom Aufzug sammelt Briefmarken und Kinobilder. Die

---
[1] Wenn ich tausend Leben hätte, S. 29

14

Köchin der Pension ist äußerst dünn und klein, und Juan[1] schmeichelt ihr immer sehr: ‚Der Reis war köstlich, die Suppe ist so lecker, das Fleisch so gut gebraten, sie bereitet es so gut zu.' …

Man hat uns einen neuen Teppich in den Flur gelegt, und der bringt mich schier zur Verzweiflung. Wenn ich nämlich diesen langen Streifen Stoff mit Franzen an den Seiten sehe, der so schön ausgebreitet auf dem Boden liegt, dann überkommt mich eine wahnsinnige Lust, ‚salti mortali' darauf zu machen: am einen Ende anzufangen und am anderen aufzuhören. Da ich sie unglücklicherweise nicht machen kann, kehre ich – immer wenn ich auch nur die Tür aufmache und den Teppich sehe: so neu, grau und mit roten Streifen – ganz schnell in mein Zimmer zurück. Wenn ich dann wieder hinausgehe, darf ich nicht auf den Boden schauen, denn wenn ich es doch tue, überkommt meinen Körper so etwas wie ein Koller und der unwiderstehliche Wunsch, die Hände auf den weichen Boden zu setzen, in die Knie zu gehen, die Beine in die Höhe zu werfen, einen halben Kreis mit ihnen zu schlagen und sie wieder auf den Boden zu stellen, genau vor mein Genick hin … und so – mich mit Riesengeschwindigkeit drehend – mit einem doppelten ‚salto mortale' am Türschloß zu landen … Oh! Es ist schrecklich, was ich zu ertragen habe: ganz schnell vorbeilaufen zu müssen, ohne auf den Teppich zu treten, und mit den Augen zur Decke schauen zu müssen … Wenn ich nämlich hinschaue – ich sagte es schon –, geht mein Blick entweder anderswo hin oder ich stürze mich kopfüber … Dieser verflixte Teppich macht mich ganz krank. Ich hätte lieber einen Abgrund vor mir und würde auf einem Brett darübergehen, als daß ich gemessenen Schrittes über den langen grau-roten Streifen schreiten muß, der auf dem Boden meines Flures ausgebreitet liegt.

Gut, weiter habe ich Dir nichts zu erzählen.

---

[1] sein Mitstudent und Freund, der in derselben Pension wohnte

Ich höre gerade auf dem Grammophon ‚Jocelyn' von Godard. Das macht mich ganz rasend!!! Es ist gut möglich, daß Mutter diese Wut versteht. Was will man daran ändern? Genug jetzt, ich höre auf, denn ich muß die Nelkenstiele kürzen und das Wasser erneuern. Der Vogel[1] hat sich in eine Kugel aus Federn verwandelt und läßt nichts weiter sehen als seinen Schwanz. Wo er den Kopf hat, weiß ich nicht. Mir persönlich kommt es vor, als schliefe er tief, aber gleich kommt Juan und weckt ihn; das kenne ich schon."

Gut, der nächste Tag hat begonnen.

Ich komme gerade aus den Vorlesungen und setze mich hin, um diesen Brief weiterzuschreiben. … Ich weiß schon gar nicht mehr, wann ich damit anfing, wohl aber, wann ich ihn beenden werde, nämlich jetzt. Abgesehen davon ist heute Samstag, und da ist es nicht gut, die Dinge unvollendet liegen zu lassen.

Der Sonntag ist zum Ausruhen da, fertig! Morgen früh gehe ich um halb 12 zum ‚Monumental Cinema', um Arbós[2] zu hören, der sein Orchester dirigiert. Ich werde Mama die ‚Kritik' schon schicken, damit sie sieht, daß ich das genau so gut kann, wie spülen und bügeln, und vielleicht stimme ich mit Turina überein.

---

[1] Er hatte wohl einen Vogelkäfig im Zimmer.
[2] Fernándeu Arbós, Geigenvirtuose, Orchesterdirigent und Komponist

Gut, ich höre auf für heute. Jetzt habe ich zu tun, und nachher gehe ich raus, um diesen ‚kolossalen' Brief als Einschreiben aufzugeben.

Es verabschiedet sich herzlich von Dir und von der ganzen Familie und schickt Dir alles, was Du Dir wünschen kannst,

D.ä.B.d.D.d.H.r.u.D.u. [Dein ältester Bruder, der Dir die Hand reicht und Dich umarmt]

Rafael[1]

Einmal spielte er in der Pension in einem spontanen Theaterstück den „Frauenverführer". Davon erzählt er seinem Bruder in einem Brief: „Nach dem Rosenkranzgebet sind wir auf den Flur hinausgegangen und haben eine Jota (spanischer Volkstanz) getanzt. Danach haben wir den ‚Tenorio' [Frauenverführer in einem Theaterstück] aufgeführt. Und als ich mit einer roten Bettdecke und einem Pinsel am Hut dastand und der Doña Inés vortrug: ‚Das ist nicht wahr, Engel der Liebe …', hörten wir Beifall vom Hof. Es war die Wirtin der Pension mit allen Dienstmädchen! Ich wusste nicht, was ich mit der Bettdecke machen sollte; wir mussten einfach weiterspielen. Kurz und

---

[1] Nur Gast, Abschnitte 63 f.

gut, was Du wohl am wenigsten von Deinem Bruder erwartet hättest: er spielte den Tenorio …"[1]

Es war die Welt des Spaniens der 1930er Jahre mit den neuen technischen Möglichkeiten. Rafael hatte ein Auto, und er schrieb später im Kloster von seinem Temporausch: „Auch ich fuhr hin und wieder – als ich noch in der Welt lebte – über die Landstraßen Spaniens und hatte meinen Spaß daran, 120 Kilometer pro Stunde mit dem Auto zu erreichen … Welch ein Blödsinn! Als ich mir bewußt wurde, daß der Horizont für mich ein Ende hatte, erlitt ich die Enttäuschung dessen, der die Freiheit der Erde genießt …; denn die Erde ist klein, und außerdem hat sie bald ein Ende."[2]

Sein Bruder Leopoldo erzählt: „Er war ein Mensch mit ansteckendem Humor, einem wirklich ungeheuerlichen Humor. Er besaß viel Sinn für Ironie. An erster Stelle lachte er über sich selbst. Er war unwahrscheinlich lustig. Um andere zum Lachen zu bringen, war er bereit, alles nur Erdenkliche zu tun. Die Freunde, mit denen er oft auf Geige, Mandoline oder Gitarre musizierten, erzählten mir, dass er auch mit ihnen Karten spielte. Und sie berichtete, wie herrlich die Zeit war, die sie mit ihm verbrachten. So baten sie ihn z.B. einen Deutschen

---

[1] Wenn ich tausend Leben hätte, S. 28
[2] Nur Gast, Abschnitt 789

nachzuahmen, und Rafael machte Gesten wie ein Deutscher und sprach mit deutschem Akzent, und das nicht nur ein Weilchen …; er konnte es einen ganzen Nachmittag tun. Am nächsten Tag verwandelte sich der ‚Deutsche‘ in einen ‚Franzosen‘, dann in einen ‚Engländer.‘"[1]

Rafael links

Doch da gab es auch die sehr nachdenkliche Seite an ihm. Eines Nachts kam er erst um zwei Uhr in die Pension zurück, und sein Bruder machte sich Sorgen. Da erzählte er ihm lächelnd, dass er an diesem wundervollen Abend auf einer Bank gesessen sei, an Gott gedacht und dabei die Zeit vergessen habe.

Was sein Kunststudium betraf, so war er damit erfolgreich. Am 3. Juni 1933 schrieb er aus Madrid an seinen alten Zeichenlehrer Don Eugenio Tamayo: „Ich habe die Prüfung in ‚Ornamentenkopie‘ bestanden; ‚alias‘ Cachos setzte mich an eine Stuckplatte, die sehr angenehm zu bearbeiten war, und vor einen Blumentopf mit einer Blüte, an deren Namen ich mich nicht mehr erinnere. Ich kann Ihnen sagen, das war ein Erfolg, denn unter den gleichen Bedingungen wie ich, ohne in die Schule gegangen zu sein – als Gasthörer also –, und ohne eine einzige Zeichnung vorgelegt zu haben, hat niemand bestanden; mehr noch: die Gasthörer, die wenig zum Unterricht erschienen waren, ließ

---

[1] Wenn ich tausend Leben hätte, S. 19

er erst gar nicht zum Examen zu. Aber ich, der ich gesehen hatte, wie man hier in der Schule zeichnet, sagte zu mir selbst: ‚Rafaelillo, du kannst eine gute Prüfung ablegen!' Und so ging ich ins Examen. In bezug auf das Aquarell sagten mir alle, daß es sehr kalte Farben habe und etwas schmutzig sei, aber ich bin halt ein ‚Einfaltspinsel'. Ich mache einfach nach, was ich sehe, und ‚schmiere' nicht Farben und noch mehr Farben auf, Veronesergrün ‚kreuz und quer' und dunkelviolett. Das ergibt zwar ganz reizende Aquarelle, aber die kann man zu Hause machen. Man sollte nicht damit prahlen, nach der Natur zu malen und zu kopieren, was man sieht und nicht mehr, als was man sieht ... Aber, ach! Oh! Wir sind halt Künstler, und hier setze ich Karminrot, dort trage ich ein paar Pinselstriche verblaßtes Bischofsrot auf und weiter drüben das bekannte veronesische Grün ... So etwas nenne ich Landkarten erstellen, aber nicht Aquarellmalerei oder sonst etwas."[1]

Vom 25. Januar bis 26. Juli 1933 musste er sein Studium unterbrechen, da er zum Militärdienst einberufen wurde. Er wurde dem Korps der Ingenieure im Regiment der Pioniere der Minenleger in Oviedo zugeteilt.

Aus dieser Zeit schrieb er in einem Brief: „... für das, was ich schreibe, wäre es besser, es erst gar nicht zu tun, aber da es für Euch ist und da ich weiß, daß Ihr Euch freut, wenn ich Euch Einzelheiten erzähle, ‚voilà'.

Wie sehr bedaure ich in gewissen Augenblicken, kein Cervantes zu sein! Ich habe eine Wanze gefunden [es folgt eine Zeichnung].

Anhand dieser Zeichnung könnt Ihr Euch nur schlecht eine Vorstellung machen von dem Platz, an dem ich Wache schieben muß. In der Eile konnte ich das Charakteristische daran

---

[1] Nur Gast, Abschnitt 70

nicht richtig herausholen, und so sieht es eher aus wie ein Palast
…

Der Wachposten, den ich ablösen muß, ist vom Lesen eines
Romans ganz gefesselt, und er merkt gar nicht, daß es schon
über die Zeit ist. Er sitzt da mit gesenktem Kopf und umklam-
mert sein Gewehr. Es herrscht Totenstille. Man hört nichts als
das eine oder andere Schnarchen und hin und wieder das Aus-
schlagen der Pferde, die an Schlaflosigkeit zu leiden scheinen.
Hinter dem Tor hört man gelegentlich eine Straßenbahn, die
stöhnend den Berg hinauffährt. Sie scheint müde zu sein, und
das lädt zum Gähnen ein. Vielleicht fährt sie zum Schlafen zum
Depot mit ihrem Schildchen: ‚Zum Einschließen‘, und das
macht mich ganz neidisch.

Ich bedaure sehr, daß man die Scheune abgeschlossen hat Aber
klar, das wäre gefährlich: sie ist voll von Strohsäcken. Einmal
schlief da ein Soldat, und bei irgendeiner Bewegung, die er
machte, fiel er hinunter, wobei sich sein Kopf irgendwo ein-
klemmte. Dort schlief er weiter und wäre fast erstickt …; es ist
sicherer so.“[1]

---

[1] dass., Abschnitt 68

Doch auch hier wurde seine tiefe Religiosität bemerkt. So schrieb Luis Fernando: „Als er am Tor hinter dem Königlichen Palast Wache halten musste – einem Ort, der nachts voll von Prostituierten war –, sagten mir seine Gefährten: ‚Ich weiß nicht, was dein Bruder hat. Stell dir vor, um acht oder neun Uhr abends betet er mit uns den Rosenkrank während der Wache. Und ob du es glaubst oder nicht: wir tun es gern, ohne uns irgendwie Gewalt anzutun.'"[1]

Nach seinem Wehrdienst schrieb er sich erneut in der Architektenuniversität in Madrid ein. Da er wegen seiner Wehrpflicht ein Semester verloren hatte, musste er mit einigen anderen zusätzlichen Privatunterricht in Integralrechnung nehmen. Sein Stundenplan war sehr voll, und er hatte von morgens um neun bis abends um sechs Unterricht.

Über seinen Tagesablauf schrieb er am 21. Oktober 1933 an seine Eltern: „Ich stehe jeden Morgen um halb acht auf. Ihr könnt mir glauben oder nicht, aber es ist wahr: schon früher hatte ich die gute Gewohnheit, jeden Tag zu kommunizieren, und ich habe erfahren, daß – wenn man den Tag damit beginnt, sich in die Hände Gottes zu begeben – alles besser gelingt, das Studium klappt besser, und wäre es nicht für den Herrn, der mir so sehr hilft, wäre ich zu nichts fähig. Außerdem muß ich jemandem Rechenschaft geben für meine Taten, gute oder böse, meinst Du nicht auch?

Anschließend gehe ich zu der Vorlesung, die gerade ansteht, je nach Wochentag … Von halb sieben bis halb neun Uhr habe ich Arithmetik. Nach dem Abendessen lerne ich Darstellende Geometrie und gehe dann todmüde, aber zufrieden darüber, den Tag beendet zu haben, zu Bett. Hätte ich nicht mein Studium, meine sonstigen Angelegenheiten, meine Vorlesungen, nicht einmal Zeit für das Vesperbrot usw., wäre das Leben des Müßiggangs in Madrid entsetzlich für mich. So beklage ich

---

[1] Wenn ich tausend Leben hätte, S. 16 f.

mich also nicht über die Arbeit, ganz im Gegenteil; die Haupt-
sache ist, daß ich den ganzen Tag beschäftigt bin."[1]

Wenig später schrieb er seinen Eltern seinen völlig durchgetak-
teten Tagesablauf den er mit „Alles für Jesus" in roten Buchstaben überschrieben hatte. Darin enthalten sind als erstes am
Morgen um halb sieben die Messe, dann folgt den ganzen Tag
über Unterricht und Studium und vor dem Zu-Bett-Gehen um
halb 12 nachts der Rosenkranz.

---

[1] Nur Gast, Abschnitt 72

Kontakt mit den Trappisten

Rafael mit seiner Tante Maria, der Herzogin von Maqueda
vor seinem Eintritt ins Kloster

Seine kontemplative Ausrichtung wurde 1929 deutlich, als er sich zum bestandenen Abitur von seinen Eltern etwas wünschen durfte. Er bat, seine Ferien bei seinem Onkel Leopoldo (Polin) und seiner Tante Maria, den Herzogen von Maqueda in ihrem Landhaus Pedrosillo, 6 km nördlich von Avila gelegen, verbringen zu dürfen. Zusammen mit seiner Schwester Mercedes verbrachte er dort den ganzen Juli. Sein Onkel und seine Tante führten zusammen mit ihren fünf Kindern ein sehr religiöses, fast klösterliches Leben. In jener Zeit lernte er durch sie Johannes vom Kreuz und Teresa von Avila kennen, die einst in dieser Gegend gewirkt hatten. Sein Onkel war sehr mit den Trappisten von San Isidro de Dueñas in der Nähe von Palencia verbunden und fuhr oft dorthin.

Die Trappisten sind Zisterzienser nach der strengen Observanz und neben den Kartäusern der strengste katholische Orden. Sie leben ein kontemplatives Leben nach der Regel des Heiligen Benedikt in strenger Klausur, d.h. sie verlassen das Kloster nie und wirken auch nicht außerhalb.

Am 23. September 1930 brachte ihn sein Onkel zum ersten Mal in dieses Kloster, das auch als La Trapa bekannt ist. Die Abtei liegt in der kastilischen Hochebene (Meseta) zwischen den Flüssen Carrión und Pisuerga ca. 15 km südlich der Stadt Palencia in einer Höhe von ca. 750 m.

Tief beeindruckt schrieb er: „Was ich in der ‚Trapa' sah, die Eindrücke, die ich in diesem heiligen Kloster bekam, kann ich nicht schildern; Gott allein weiß es."

Rafael nahm am Stundengebet der Mönche teil, beobachtete alles und sprach mit einigen von ihnen.

Ein Jahr später besucht er das Trappistenkloster zum zweiten Mal, und vom 17.-26. Juni 1932 macht er dort Exerzitien. Von da an stand sein Entschluss fest. Er hatte seine Berufung gefunden. Er wollte Mönch werden.

Im September 1931 schrieb er ausführlich über seine Eindrücke von der „Trapa": „Tiefe Beschämung habe ich vor mir selbst gefühlt: die Trappistenbrüder tragen einen groben Kittel aus braunem Tuch, rauh und hart. Sie bekommen ihn zur Profeßablegung und werden mit ihm aufgebahrt ... In meinem Zimmer sehe ich mehrere Seidenkrawatten hängen ...: ernsthafter Anlaß zur Meditation und gleichzeitig eine Lappalie, die uns erröten läßt, wenn man begreift, daß sich die dümmste Eitelkeit hinter einem absurden Stück Stoff verstecken kann."[1]

Die Trappisten sind ein Schweigeorden. Darüber schrieb er: „Die Leute sagen, das Schweigen im Kloster sei traurig und in der Regel schwer zu befolgen. Es gibt keine irrigere Ansicht. Das Schweigen in der ‚Trapa' ist die fröhlichste Sprache, die man sich vorstellen kann. Ach! Wenn Gott uns die Fähigkeit gäbe, in die Herzen zu schauen, dann sähen wir, daß aus der Seele des im Schweigen lebenden Trappisten, dessen äußeres Erscheinungsbild armselig ist, die Fülle und fortwährend ein

---

[1] dass., Abschnitt 36

glorreiches Jubellied hervorquillt, voll Liebe und Freude über ihren Schöpfer, ihren Gott, den liebevollen Vater, der über sie wacht und sie tröstet. Das Schweigen des Klosters ist nicht traurig; im Gegenteil, man kann sagen, daß es nichts Fröhlicheres gibt als das Schweigen eines Trappisten."[1]

Auch erhielt er einen ersten Eindruck von der Arbeit der Mönche: „Sechs Uhr morgens. Es ist sehr kalt, und es regnet … Vom Fenster meines Zimmers aus sehe ich eine Reihe von Mönchen durch die Klosterpforte hinausziehe. Sie gehen schweigend mit Schaufeln, Spitzhacken und Spaten beladen zur Arbeit. Alle gehen sie mit tief ins Gesicht gezogenen Kapuzen und tragen kräftige, benagelte Stiefel an den Füßen wie die der Bauern auf dem Ackerland Kastiliens."[2]

Wenige Monate nach seinem Militärdienst, als er das Architekturstudium in Madrid mit neuem Schwung wieder aufgenommen hatte, dachte er erstaunlicherweise nicht daran, es auch zu Ende zu bringen. Er hatte alles, was sich ein junger Mann wünschen konnte, und war mit seinem Leben zufrieden. Dennoch wählte er diesen Zeitpunkt, um um die Aufnahme ins Kloster zu bitten, und wollte nicht länger warten.

Am 19. November 1933 schrieb er an den Abt des Klosters, Dom Félix Slonso Gardía: „Trotzdem hat Gott, unser Herr, in diesem Zeitraum so in mir gewirkt, daß ich den festen Entschluß gefaßt habe, mich Ihm mit ganzem Herzen, mit Leib und Seele zu überlassen. Um meine Absichten und Entschlossenheit zu verwirklichen, und weil ich außerdem mit Gottes Hilfe rechne, möchte ich in den Orden der Zisterzienser eintreten. … Andererseits habe ich noch hinzuzufügen, daß mich bei dieser Veränderung meines Lebens weder Traurigkeit noch Leiden, noch Enttäuschungen und Ernüchterungen der Welt bewegen. Was sie mir geben kann, das habe ich alles. Gott hat mir in

---

[1] dass., Abschnitt 37
[2] dass., Abschnitt 38

Seiner unendlichen Güte in meinem Leben viel mehr geschenkt, als ich verdiene. Daher, ehrwürdiger Pater, seien Sie
sicher, daß Sie, wenn Sie mich in die Gemeinschaft aufnehmen
und mich zu Ihren Söhnen zählen, nur ein sehr fröhliches Herz
mit viel Liebe zu Gott aufnehmen."[1]

Rafael wollte bald eintreten, aber sein Onkel meinte, er solle
sich Zeit lassen. Am liebsten wäre er ins Kloster gegangen,
ohne sich von seinen Eltern zu verabschieden, aber der Herzog
riet ihm, den Nuntius Msgr. Tedeschini, der sich gerade in
Avila aufhielt, um Rat zu bitten. Dieser riet ihm, seinen Eltern
Bescheid zu sagen und um ihren Segen zu bitten.

Rafael ordnete seine Angelegenheiten in Madrid und blieb mit
der Abtei in intensivem brieflichen Kontakt. Sich von seiner
Familie loszureißen, fiel ihm außerordentlich schwer und kos-
tete ihn harte innere Kämpfe. Erst zuletzt erzählte er es in den
Weihnachtsferien seinen Eltern, wobei er es anfangs nicht
übers Herz brachte, Weihnachten verstreichen ließ und schließlich am 6. Januar mit der Sprache herausrückte. Seine Eltern
akzeptierten seinen Entschluss und gaben ihre Erlaubnis, wenn
sie es auch lieber gesehen hätten, dass er zuvor sein Studium
zu Ende gebracht hätte. Es wurden die letzten Vorbereitungen
getroffen, und am 14. Januar fuhr ihn sein Vater mit dem Auto
ins Kloster. Sie verbrachten zwei Tage im Gästebereich. Am
16. Januar wurde Rafael offiziell als Postulant in die Gemeinschaft aufgenommen.

---

[1] dass., Abschnitte 82 f.

Eintritt ins Kloster – Postulat

Verabschiedung von seiner Mutter zuhause, bevor er am 16.1.1934 ins
Kloster eintrat

Kurz vor seinem Eintritt war Rafael in einer seltsamen seelischen Verfassung. Er schrieb: „Vermischt mit meinen Tränen und mit meinem zerschlagenen Herzen empfinde ich eine Freude, eine Zufriedenheit und eine innere Ruhe, die schwer zu verstehen sind. In Wirklichkeit ist das, was in mir vorgeht – menschlich gesprochen – sehr seltsam (…) Alles, was ich in mir trage, ist so erhaben (…) Wenn meine Freude groß ist, dann ist groß, ja sehr groß auch mein Schmerz … Aber noch viel größer ist meine Liebe zu Gott; ohne sie wäre es nicht zum Aushalten.“[1]

Rafael passte sich dem strengen Ordensleben an, was Opfer in Bezug auf Essen, Arbeit und Schlaf bedeutete. Seine Begegnung mit den Novizen, die er ja bereits von seinen früheren Besuchen kannte, war sehr freundschaftlich. P. Magister Marcelo León Fernández, der Novizenmeister, zeigte ihm alle Räum-

---

[1] dass., S. 16

lichkeiten, seine kleine Zelle, seinen Platz im Speisesaal, im Kapitelsaal und im Chor.

San Isidro de Dueñas (La Trapa)
Wikimedia Commons, Foto: Zarateman, 2011

Der Tagesablauf in San Isidro de Dueñas war fest durchgetaktet: 2:00 Aufstehen, Marianisches Offizium, 2:30 Betrachtung, 3:00 Kanonisches Offizium, Angelus, Privatmessen, freie Zeit, 5:30 Prim, Kapitel, Bettmachen, kleine Stärkung aus 60 Gramm Brot und einem Getränk, freie Zeit, 7:45 Terz, Hochamt, Sext, Arbeit, 10:45 Ende der Arbeit, 11:10 Non, Angelus, 11:30 Mittagessen, Danksagung, freie Zeit, 13:30 Arbeit, 15:30 Ende der Arbeit, freie Zeit, 16:30 Vesper, Betrachtung, 17:30 Abendessen, freie Zeit, 18:10 Abendlesung, Komplet, Salve, Angelus, Gewissenserforschung, Schlafengehen.[1]

Nach einer Woche im Kloster schrieb er an seine Eltern: „Es ist sechs Uhr früh, und ich bin so müde, daß ich umfallen könnte. Bruder Damian [ein Mitnovize] hat es bemerkt und mir mit Zeichen zu verstehen gegeben, daß ich nicht einschlafe, wenn ich schreibe, und so fällt es mir leichter, die Augen

---

[1] s. dass., S. 120

29

offenzuhalten. Ohne weitere Einleitung als ein Ave Maria habe ich Papier und Feder genommen und beginne zu schreiben.

Mit dem heutigen Tag sind es genau acht Tage, daß ich im Kloster bin und daß ich versucht habe, mich nach Möglichkeit an die Regel zu halten. Bisher kann ich nur sagen, daß ich unwahrscheinlich müde bin. Um sieben Uhr abends gehe ich ins Bett, und mit Gottes Hilfe schlafe ich sofort ein. Um ein Uhr wecken mich Schmerzen im Kreuz, denn es ist nicht gerade eine Federkernmatratze, auf der ich schlafe. Ich verändere also meine Lage – ich sagte es schon –, und wenn es so aussieht, als sei ich wieder eingeschlafen … – zack! –, die Glocke, die mir sagt, daß es zwei Uhr ist und ich zur Matutin hinunter muß. Ich zögere keine Minute, keine Sekunde, ziehe mir Schuhe und Mantel an – denn ich schlafe angekleidet –, wasche mir ein wenig das Gesicht, und mit dem Gedanken an Gott und mit fröhlichem Herzen eile ich die Treppe des Noviziats hinunter und gehe in die Kirche, wo mein Gott im Tabernakel auf Seine Mönche wartet, die damit beginnen, zu Seiner Ehre zu singen."[1]

Es müssen zu dieser Zeit etwa 50 Mönche gewesen sein. Er lebte mit drei Novizen zusammen. Es herrschte striktes Schweigen, und die Verständigung erfolgte nur durch Zeichen. Er schrieb: „Aber wie gern würde ich ein Schwätzchen halten mit meinen geliebten Brüdern! Ich bin überzeugt, daß das Schweigen eine enorme Hilfe ist, um in der Gegenwart Gottes zu leben. Aber es ist eine große Buße, besonders in gewissen Augenblicken und zu bestimmten Zeiten. Zum Beispiel ist da ein herrlicher Tag, man geht hinaus zur Feldarbeit, und die Arbeit macht Spaß. Nun gut, diese Freude, die man mit Sprüngen und Liedern äußern möchte, muß man für sich behalten und sie Gott im Schweigen darbringen. Das ist zwar sehr schön, aber man muß sich daran gewöhnen. Ich sagte Pater Magister, daß ich manchmal Lust habe, zu schreien, und er antwortete mir,

---

[1] dass., Abschnitt 125

ich solle meine Energie speichern, um im Chor zu singen, und das tue ich."[1]

Die Arbeit bestand vorwiegend aus Handarbeit und aus harter Feldarbeit. Als er eintrat, musste er helfen, alte Weinstöcke auszureißen. Seine glänzenden Schuhe musste er gegen ein paar grobe Holzschuhe tauschen, die er scherzhaft „meine Koffer" nannte, und eine einfache Stoffschürze tragen. Die schwere, ungewohnte Arbeit bescherte ihm aufgeschürfte Hände, aber er ertrug es lächelnd.

Über die Härte der Arbeit schrieb er an seinen Onkel Polin: „Ich erinnere mich an die ersten Tage als Postulant, als wir in Reih und Glied aufs Feld hinauszogen. Jeder Novize mit seiner Hacke, und ich als letzter … Wir machten uns schweigend auf den Weg zu den Weinfeldern. Es herrschte eine schreckliche Kälte; die Erde war hart durch den Frost, und außerdem war ich so müde, daß ich mich kaum aufrechthalten konnte. Der Arbeitsvorsteher teilte uns auf; wir machten das Kreuzzeichen, beteten ein Ave Maria und begannen mit der Arbeit.

Nun gut, mehr als einmal benetzte ich die Schollen, die ich mit meiner Hacke losriß, mit Tränen so groß wie Apfelsinen."[2] Doch dann tröstete er sich mit seiner Hingabe an Maria, die er zeitlebens sehr verehrte, und sang ihr ein Lied.

„An einem anderen Tag mußte ich auch heulen. Weißt Du warum? […] Nun ganz einfach: eines Tages, um fünf in der Frühe, kam bei mir alles zusammen: der Hunger – es war gerade Fastenzeit –, die Müdigkeit und die Kälte, und alle drei machten meinem elenden Leib – der so sehr an ein gutes Leben gewohnt war – dermaßen zu schaffen, daß mir die Tränen in die Augen schossen."[3] Und später fügte er hinzu: „Gut, und damit Du alles

---

[1] dass., Abschnitt 127
[2] dass., Abschnitt 179
[3] dass.

31

weißt, am meisten habe ich geweint … beim Lesen der Briefe meiner Mutter."[1]

Einmal musste er auch den Blasebalg an der Orgel betätigen, als der Strom ausfiel, was sehr anstrengend war.

Das romanische Klosterportal
Wikimedia Commons, Foto: Discasto, 2013

Das Essen war sehr einfach. Er schrieb, es habe schwarze Bohnen, Milch, Brot, Wein und Nüsse zum Mittagessen gegeben. Fleisch und Fisch kamen nicht auf den Tisch. Es gab v.a. Milchspeisen, Reis, Mehlspeisen, Gemüse, Wurzeln usf. Zum Mittagessen gab es zwei gekochte Gerichte, davon eine Suppe und zudem einen Nachtisch, außer freitags. Zum Abendessen gab es zwei Gerichte, von denen eines Käse sein konnte. In der Fastenzeit gab es teilweise am Freitag nur Wasser und Brot.

---

[1] dass., Abschnitt 180

Er erzählte: „Ich erinnere mich, daß man mir bis zum dritten Tag im Kloster nichts anderes vorsetzte als weiße Bohnen an einem Tag, schwarze am nächsten und gesprenkelte am dritten. Und da ich verwöhnt bin und ein alberner Schlemmer, passierte folgendes: als ich vom Refektorium zum Noviziat hinaufging und daran dachte, daß das meine Nahrung für das ganze Leben sein sollte, überkam mich das große Heulen. Jetzt – wenn ich daran zurückdenke – muß ich lachen, und wenn es einmal keine Bohnen gibt, vermisse ich sie."[1]

Über seinen Alltag schreibt er weiter: „Heute, am 24. [Januar] hat es in der Nacht geschneit; deshalb gehen wir nach dem Hochamt in die Schokoladenfabrik und wickeln Tafeln Schokolade ein.[2] Ich bin sehr langsam bei dieser Arbeit. Nur gut, daß man mir keinen Akkordlohn bezahlt! Wir arbeiten zwei Stunden, und das bedeutet zwei Stunden absoluten Schweigens. Ich kann Euch versichern, daß ich dabei weder müde werde, noch mich langweile, denn ich denke nach dabei. Wenn man das so sagt, scheint man reinen Blödsinn daherzureden, denn jedermann denkt, aber das ist nicht so. Das Denken ist eine schwierige Angelegenheit. Klar, ich beziehe mich auf gutes Denken, geordnetes Denken, nützliches Denken, auf Denken in Ruhe, auf Beherrschung der Phantasie; man lenkt sie dorthin, wo man sie haben will. Alldem widme ich mich, während ich Schokolade einpacke, und wenn ich hin und wieder ein Ave Maria bete, ziehe ich mehr Nutzen aus der Arbeit, und die Schokolade ist besser eingewickelt. Hier in der ‚Trapa' tut man alles, außer Zeit verlieren."[3]

„Gestern bestand unsere Arbeit darin, Kartoffelsäcke vom Lagerhaus oder Vorrat zum Kloster zu transportieren. […] Einmal sind es ein paar ausgerissene Rebstöcke oder zugeschüttete Löcher; an einem anderen Tag eingepackte Tafeln Schokolade; dann wieder das Fegen des Schlafsaales etc."[4]

Rafael blieb der frohe junge Mann wie zuvor. Einmal, als er im Klavierzimmer gregorianischen Gesang üben sollte, stimmte er

---

[1] dass., Abschnitt 157
[2] Die Abtei war und ist für ihre Schokolade mit dem Namen „Trapa" bekannt. Dieses Unternehmen trägt bis heute zum Unterhalt des Klosters bei.
[3] dass., Abschnitt 128
[4] dass., Abschnitt 133

das Lied „Lach du nur, Clown" an. Auch zeichnet er gerne Karikaturen, wie die von einem Mann, der auf einer Kuh sitzt, weil sein Pferd gestorben war.

Rafael besaß in seiner künstlerischen Art eine blühende Fantasie, und so war auch sein Gebet. Er schrieb an seine Mutter: „Vor einigen Tagen war ich allein in der Kapelle. Ich war von der Schokoladenfabrik zurückgekehrt, wo ich Tafeln Schokolade eingepackt hatte. Und dort in der Kapelle: Gott und ich, der gekommen war, um Ihm Rechenschaft zu geben. Auf den Knien vor dem Tabernakel opferte meine Seele Gott die beendete Arbeit auf; die zwei Stunden stillen Einpackens der Tafeln. Und das, was einem manchmal passiert, das passierte mir … Ich erkläre es Dir.

In einem Anflug von Eifer richtete ich folgendes Gebet an Gott: ‚Herr, Du bist sehr weit dort oben und ich hier unten, von wo aus – auf eine mehr oder weniger großzügige Weise – ein armer Trappist ein bescheidenes Geschenk zu Dir gelangen lassen möchte. Das einzige, was er Dir jetzt anbieten kann, ist die Arbeit des Einpackens von ein paar Dutzend Tafeln Schokolade, und glaub mir, wenn ich zum Himmel hinaufsteige, Dir meine Gabe überreiche und anschließend wieder hinunter könnte in die Schokoladenfabrik der ‚Trapa', dann würde ich es tun, das kannst Du mir glauben!' Und da mir – sogar während des

Gebetes – dumme Sachen in den Sinn kommen, dachte ich, als ich mich wieder erheben wollte: Wie gut könnte ich ein Flugzeug gebrauchen! Kaum hatte ich es gesagt, als der kraftvolle Motor eines Flugzeuges, das gerade in diesem Augenblick zufällig über die Abtei flog, die Stille des kastilischen Himmels durchbrach. Ihr könnt mir glauben: ich hatte aufstehen wollen, blieb aber auf den Knien, und jetzt sagte ich Gott nichts mehr … Ich dachte an das Flugzeug und stellte mir vor, es sei über die ‚Trapa‘ hinweggeflogen, habe die Schokoladen eines Novizen mitgenommen, der nicht fliegen kann, und habe dann Schaltung und Steuer zum Himmel ausgerichtet und sich angeschickt, Gott die Schokolade auszuhändigen … Und der Herr war immer noch im Tabernakel, und Sein Diener kniete schweigend da und hörte zu, wie der Lärm eines gewaltigen Motors, der sich mit rasender Geschwindigkeit am Himmel Kastiliens entfernte allmählich erlosch.

Gut, glaubt nur nicht, ich sei ins Kloster gekommen, um Literatur zu machen! Aber es kommt mir einfach so heraus, ohne daß ich es beabsichtige.“[1]

Und er schrieb weiter: „Heute nacht hat es kräftig gefroren, und heute morgen schien der Mond so hell, daß man lesen konnte bei seinem kalten Licht. Kurz zuvor hatten meine Lippen im Chor die Worte des ‚Benedicite‘ gesprochen: ‚Preist den Herrn, Eis und Kälte; preist den Herrn, Sonne, Mond und Sterne‘, und als ich aus der Kirche ging, störte es mich nicht mehr, daß die Temperatur unter Null Grad lag, denn genau diese Kälte, die ich auszuhalten hatte, pries den Herrn.“[2]

Man muss bedenken, dass Rafael mitten im Winter eingetreten war und die meisten Räume im Kloster unbeheizt waren.

---

[1] dass., Abschnitt 134
[2] dass., Abschnitt 135

Ora et Labora (bete und arbeite)

In der Sommerzeit, die mit Ostern begann, änderte sich der Tagesablauf. Es gab eine Stunde Mittagsruhe, die Nachtruhe verkürzte sich dafür um eine Stunde, und die Mönche gingen bereits um sechs Uhr früh hinaus zu den Feldarbeiten.

Noviziat

Einen Monat später, am 18. Februar, dem ersten Fastensonntag, wurde Rafael als Chornovize mit dem weißen Habit eingekleidet. Er durfte seinen Taufnamen behalten und hieß fortan Bruder Maria Rafael. Seinen Eltern wurde abgeraten, zur Feier zu kommen, da das Gästehaus nicht beheizt war.

Er schrieb: „Ich bin schon kahlgeschoren wie eine Billardkugel; nun gut, nicht ganz so wie eine Billardkugel ...; ich habe ein paar Haare mehr."[1]

„Was einen sehr wärmt, ist die Kapuze ... Es erübrigt sich, Dir zu sagen, daß ich im Sommer langsam und sicher zerfließen werde, und der Tag kommen wird, an dem man Bruder Maria Rafael suchen und nur seinen Habit finden wird. [...] Ich bin immer überzeugter davon, daß Gott die ‚Trapa' für mich geschaffen hat und mich für die ‚Trapa'. Es ist unverkennbar, daß die einzig wahre Einsicht in der Welt die ist, den Platz einzunehmen, den Gott für uns vorgesehen hat und daß wir uns Ihm – wenn wir Seinen Willen erkannt haben – von ganzem Herzen überlassen. [...] Als ich mitten im Kapitelsaal kniete und all meine Brüder, die Mönche, feierlich das Benedictus sangen –

---

[1] dass., Abschnitt 139

da stand meine Seele vor Gott und brachte Ihm mein Opfer dar mit einem Herzen voll überströmender Freude, aber mit Tränen so groß wie Fäuste."[1]

Einen Tag nach seiner Einkleidung schrieb er an seinen Vater: „Ich bin ein sehr zerstreuter Ordensmann – leider! Ich habe – wie schon immer – viel Humor, aber da ich weder sprechen, noch schreien, noch rennen kann, muß ich's mir halt verkneifen … So verspüre ich beispielsweise plötzlich eine ungeheure Lust zu pfeifen, wenn ich meine Brüder sehe – und mich dazwischen – mit Kapuzen auf dem Kopf und Zwiebeln essend … Mir kommen tausend Teufeleien in den Sinn, denn wenn ich auch immer die erhabene Seite des Klosters sehe, so sehe ich doch auch die vergnügliche. Gut, es hört sich widersprüchlich an, wenn einer sagt, die ‚Trapa' sei ein lustiger Ort, aber es ist nun einmal so, daß ich mich nicht langweile und noch nicht einmal weiß, was dieses Wort bedeutet."[2]

---

[1] dass., Abschnitte 140 f.
[2] dass., Abschnitt 144

Und in einem anderen Brief schrieb er über die harte Fastenzeit: „Ich habe bereits gelernt, mich mit dem Messer zu rasie-
ren, ohne mich dabei zu schneiden. Die Hemdsärmel reichen
mir bis an die Nase. Heute bekamen wir weiße Bohnen, Milch
und Nüsse zu essen … Während der ganzen Fastenzeit gab es
keine Milch und keinen Nachtisch; übrig bleiben nur die Bohnen … Abends bekommen wir einen Teller Kartoffeln oder
Linsen und sechs Unzen Brot; um sechs Uhr morgens eine
halbe Unze Schokolade und eine Unze Brot. Das ist mir in der
Fastenzeit am schwersten gefallen, denn an den Tagen, an denen wir um ein Uhr aufstanden und das Offizium etwas länger
dauerte, waren wir sechs oder sieben Stunden nüchtern. Wenn
man dann ein Stück Brot bekommt von der Größe von zwei
Geldmünzen … dann versteht es sich von selbst, daß man einfach Hunger hat.“[1]

In der Osterzeit musste er zum ersten Mal vorsingen: „Dieser
Tage mußte ich von einer erhöhten Stelle der Kirche aus einige
Lesungen der Matutin vorsingen, und ich sage Euch: noch nie
habe ich mich in einer solchen Bedrängnis gefühlt. Meine
Stimme war zittrig, und ich fing mit Tönen an, die entweder zu
hoch oder zu tief waren. Als ich die Stufen hinaufstieg, stol-
perte ich auch noch über den Mantel … Kurz und gut, es war
eine richtige Katastrophe, aber daran kann man nichts ändern.
Als ich mich um drei Uhr früh auf einer Kanzel sah und von
oben alle Glatzen und kahlgeschorenen Köpfe der Mönche be-
herrschte, tanzten mir die Buchstaben des Lektionars vor den
Augen; plötzlich vergaß ich die Aussprache des Lateins und
kam überhaupt nicht mehr zurecht.“[2]

Zudem war er Kirchendiener und musste sich um die Kerzen
und Lampen im Chor, Kapitelsaal und anderes kümmern.

---

[1] dass., Abschnitt 158
[2] dass., Abschnitt 148

Rafael rechts mit einem Mitnovizen

Sein damaliger Mitnovize P. Damián Yañez berichtete: „Obwohl Bruder Rafael sehr geschickt war im Umgang mit Pinseln und sehr gut schreiben konnte – wie aus seinen Schriften zu erkennen ist –, war er völlig unfähig für bestimmte Dienste, die uns andern Novizen leicht von der Hand gingen, wie z.B. das Anzünden der großen Kerzenleuchter neben dem Hauptaltar, die zwei oder drei Meter hoch waren. Man muß gesehen haben, wie verlegen er wurde, wie er zitterte und welche Ängste er dabei ausstand! Man benutzte einen Kerzenanzünder mit langem Stiel; er nahm ihn in die Hände, zitternd näherte er sich dem Altar und versuchte, die Kerze anzuzünden. So stand er mehrere Minuten da, bis er sich entschloß – wenn er merkte, daß der Gesang des Salve fast beendet war – den Versuch aufzugeben. Mit hängenden Ohren und geröteten Wangen stieg er die Altarstufen hinab."[1]

Er wurde dafür zwar vom Novizenmeister zurechtgewiesen, wenn auch nur, weil es die Ordensregel vorsah, denn der Novizenmeister war sehr mit diesem vorbildlichen Novizen

---

[1] dass., S. 142

41

zufrieden. Wie es üblich war, trat Rafael darauf in die Mitte des Raums, warf sich demütig zu Boden und bat um Verzeihung für seine Ungeschicklichkeit. Für Rafael was das keine große Sache, auch nicht der Verzicht und das harte Leben, das er nicht wirklich als hart empfand, denn er war im Herzen fröhlich in seiner Liebe zu Gott und sich sicher, von Gott geliebt zu werden. Das genügte ihm.

Von der Außenwelt bekamen die Mönche nichts mit, außer der Abt sprach davon. So berichtete dieser eines Freitags im Kapitelsaal, dass es eine Regierungskrise[1] gäbe, und dass die Mönche die Bußpsalmen, die sie an diesem Freitag singen würden, aufopfern sollten, damit die Guten den Sieg davontrügen. Mehr erfuhren sie nicht. Und dann erfuhren sie noch, dass der König von Belgien gestorben sei. Das war alles.

Rafael empfand es als sehr angenehm, nicht viel von draußen zu erfahren. „Die Liebe der Geschöpfe endet mit dem Tod. Der Wunsch nach menschlicher Anerkennung hört mit dem Tod auf, und die weltlichen Geschäfte lösen sich mit dem Tod in Nichts auf. Nur die Gottesliebe wird größer mit dem Tod. Das heißt: was ich habe, das habe ich für immer; das sagt mir der Glaube. Hingegen ist das, was ich in der Welt zurückgelassen habe, nur Leihgabe für einige Jahre – und danach nichts!"[2] So sah er das.

Über die Hierarchie im Kloster schrieb er: „Ich kann schon mit all meiner charakteristischen Eleganz Kartoffeln schälen. Wenn Du im Leben der Heiligen lesen solltest, daß sie sich – als bedeutende Eigenschaft – niedrigen Diensten widmeten, nimm es nicht so ernst; denn in Wirklichkeit ist es nichts Besonderes, wenn man mit einem Besen umzugehen versteht, weil alles relativ ist. Wenn ich mir zu Hause im Treppenhaus

---

[1] Im Februar 1934 übergab Lerroux den Regierungsvorsitz an Samper.
[2] dass., Abschnitt 153

eine Schürze umgebunden und der Pfortenfrau geholfen hätte, die Treppe zu putzen, wäre ich aufgefallen, so wie hier ein Herr auffiele, der im Refektorium wie in einem Café in die Hände klatschte, um den Kellner zu rufen … Hier fegen wir alle und helfen uns gegenseitig bei allem. Vergangene Woche war mein verehrter Pater Magister Tischdiener … Heute morgen half mir beim Einpacken der Schokolade ein ehrwürdiger Priester mit weißem Haar, und später diente ich ihm bei der Konventmesse."[1]

P. Demián Yánez berichtet aus dieser Zeit: „Kurz nach der Fastenzeit, während der schönen Tage des Maimonats – kurz bevor er erkrankte –, begannen wir mit den besonderen Jätarbeiten.

Eines Tages begab sich die Gruppe der Novizen und Oblaten aufs Feld. Es war ein herrlicher Morgen. Die laue, würzige Luft, der strahlend blaue Himmel Kastiliens mit seiner glänzenden Sonne, der Vogelgesang, der Friede, die Stille und die Ruhe des Gewissens …, all das bewirkte, daß in unserem Innern eine ausgelassene Freude erwachte, die nur schwer zu bändigen war.

---

[1] dass., Abschnitt 159

Unser Bruder Rafael konnte sie nicht zurückhalten, nahm einen Strohhalm, machte eine Pfeife daraus und erzeugte mehrere Töne. Allgemeines Gelächter in der Gruppe war die Folge, und in kürzester Zeit erfüllten die Oblaten und einige Novizen, jeder mit seiner Pfeife versehen, die Felder mit der klangvollsten und fröhlichsten Tokkata. Die ‚Autorität‘ griff ein, und unter dem Bedauern der Musikanten kehrte alles zur gewohnten Still zurück.

Unser geliebter Bruder klagte sich an, weil er der Verursacher jenes Trubels gewesen war. Für einen Augenblick hatte er seine übliche Ernsthaftigkeit außer acht gelassen und sich zum Anführer der kleinen Gesellschaft gemacht, indem er den Takt schlug und gleichzeitig auf seinem eigenen ungewöhnlichen Instrument spielte. Jener sympathische junge Mann machte uns viel Freude mit dieser einfachen und demütigen Geste. So war Rafael.“[1]

Im Mai zeigten sich die ersten Symptome einer Diabetes mellitus. Obwohl er ein sehr fleißiger Briefeschreiber war, scheint er mehrere Wochen verstummt zu sein.

Später berichtete er: „In den vier Monaten des Noviziats, nicht ein einziges Mal Kopfschmerzen; eine fabelhafte Gesundheit –

---

[1] dass., S. 162

und begeistert vom Leben! Die Jätarbeiten beginnen. Die ersten Tage auf dem Feld: sehr gut; ich preise Gott mitten im Weizen. Eines Tages fühle ich mich sehr müde, am nächsten Tag mehr, am Tag danach halte ich es nicht mehr aus, und während meine Mitbrüder arbeiten, setze ich mich hin; ich bin erschöpft …Seit zwei oder drei Tagen scheide ich Unmengen an Urin aus, und es gibt Nächte, in denen ich bis zu sechsmal aufstehen muss … Pater Magister läßt mich nicht mehr aufs Feld gehen; ich bleibe im Haus und wasche Salatblätter. Am nächsten Tag – nach der Marienmette um drei Uhr in der Früh – kann ich nicht länger im Chor bleiben und gehe hinauf, um mich hinzulegen. Am Tag darauf kommt Pater Abt nach oben ins Noviziat und schickt mich für ein paar Tage in die Krankenabteilung. Pater Krankenwärter untersucht meinen Urin und erschrickt. Der Arzt kommt und sagt, daß ich sofort Behandlung benötige und daß das im Kloster unmöglich ist. Am nächsten Tag [25.5.] erscheint Papa mit dem Wagen. In Oviedo komme ich um vier Uhr nachmittags an, und um sechs Uhr setzt man mir die erste Insulinspritze: das einzige, was heilt, wie man sagt.“[1]

Sein Mitbruder P. Damiàn Yánez berichtet: „Als er ins Noviziat eintrat, brachte er u.a. ein merkwürdiges Gerät in Form einer Zange zum Schneiden der Nägel mit (der spezielle Name ist mir unbekannt). Ich entlieh es mir mehrmals, und als Junge, der ich damals war, bekundete ich meinen Wunsch, auch so ein Instrument zu besitzen. Als Rafael das bemerkte, machte er alle möglichen Anstrengungen, um mich zu bewegen, es anzunehmen. Ich tat es aber nicht, weil ich mich schämte, obwohl ich es brennend gern gehabt hätte.

An dem Tag, an dem er die Abtei aufgrund seiner Krankheit verlassen mußte (25.5.1934) war ich überrascht, als ich beim Öffnen meines Pultes die Nagelzange dort fand. Seine anderen

---

[1] dass., Abschnitt 168

Sachen verteilte er unter den übrigen Mitbrüdern, als diese nicht im Noviziat weilten."[1]

Rafael brach es schier das Herz. Er nahm seinen Habit mit nach Hause, damit er, falls er sterben würde, darin begraben werden konnte. Seiner Mutter sagte er: „Heb ihn auf, heb ihn gut auf …, nicht daß die Motten ihn zerfressen …, aber sorg, daß er zur Hand ist! …"[2]

Am 3. Juni 1934 schrieb er an seinen Onkel Leopoldo von Zuhause aus: „Ich war überglücklich in der ‚Trapa‘, betrachtete mich als den Glücklichsten der Sterblichen, hatte es geschafft, mich von den Geschöpfen loszumachen, und wünschte nichts sehnlicher als Gott … Aber eins blieb mir noch: die Liebe zur ‚Trapa‘. Und Jesus, der sehr egoistisch ist in bezug auf die Liebe Seiner Kinder, wollte, daß ich mich auch lossagte von meiner geliebten Abtei, auch wenn es nur vorübergehend wäre. Hart, sehr hart ist die Prüfung durch die ich gehen muß, aber ich zittere nicht, ich erschrecke nicht und verliere nicht mein Vertrauen auf Gott."[3]

---

[1] dass., S. 163
[2] dass., S. 17
[3] dass., Abschnitt 166

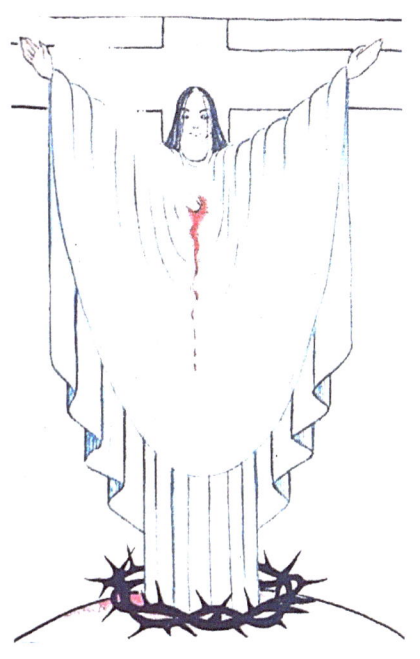

Wieder zuhause

Fortan war er zuhause, konnte aber nicht viel tun und saß nur herum. Täglich wurde ihm Insulin gespritzt, und er musste eine strenge Diät einhalten. Er wusste, dass es sich um eine langwierige Krankheit handelte, hoffte aber, ins Kloster zurückkehren zu können und als Trappist zu sterben. So akzeptierte Rafael seine Lage ohne Murren. Der Kontakt zum Kloster blieb bestehen. Seine Mitbrüder vermissten ihn sehr. Es fällt auf, dass er fortan in seinen Briefen und Aufzeichnungen seine spitzbübische Leichtigkeit verloren hat. Er ist durch diesen Schicksalsschlag sehr gereift.

Am 11. Juni 1934 schrieb er an seinen Novizenmeister: „Gott begnügte sich nicht nur damit, mein Opfer anzunehmen, als ich die Welt verließ, sondern Er verlangte ein noch größeres Opfer von mir, als ich in die Welt zurückkehren mußte. […] Lieber Pater Magister, ich lasse mich von Jesus leiten … Als ich am glücklichsten war, als ich meine Zukunft als Zisterzienser klar vor mir sah, als ich kein Verlangen mehr hatte nach der Welt und mein einziger Wunsch darin bestand, bis zum Tod mit meinen Brüdern im Ordensstand zusammen zu sein, da sagte Jesus: ‚Jetzt eine Krankheit, und hinaus!‘ Nun gut: ‚Fiat‘. Was könnte ich sonst noch tun. Daher – Sie merken es schon, Pater – bin ich ruhig, denn die Schwierigkeiten, die ich durchzustehen habe, hängen nicht von mir ab. Und weil Gott es ist, der mich aus dem Noviziat herausgeholt hat, wird Er mich auch wieder dorthin zurückbringen, wenn Er will."[1]

Über seinen Alltag zuhause berichtete er seinem Novizenmeister: „Ich stehe spät auf, gehe spät zu Bett und bin den ganzen Tag im Haus, ohne etwas zu tun. Das Lesen ermüdet meine Augen so sehr, daß ich es lassen muß, und meine Kräfte reichen zu nichts aus … Ich wandere von einem Sessel der Wohnung

---

[1] dass., Abschnitte 174 f.

zum nächsten, um nicht immer in demselben zu sitzen. Und weil ich Ihnen nichts verheimlichen will: ich rauche wieder. Den Habit ziehe ich nicht an, um nicht aufzufallen; ich bewahre ihn sorgfältig auf. Für mich war es ein Trost, ihn mitnehmen zu dürfen."[1]

Doch allmählich ging es ihm wieder besser. Er spielte wieder Geige und malte. Er kehrte zu seinen Stiften und der Leinwand zurück, dachte aber immer an seine ‚Trapa' und an eine Rück-kehr.

In dieser Zeit zeichnete er einige Titelbilder für die Bücher, die sein Onkel Polin aus dem Französisch übersetzte, so z.B. obiges, ein Buch mit dem Titel „Él" (Er).

Anfang August fuhr er für drei Tage in sein Kloster – sozusa-gen zu Besuch. Er wollte danach zuhause für mehrere Monate

---

[1] dass., Abschnitt 176

einen Ernährungsplan ausarbeiten, den er bei seiner Rückkehr ins Kloster umsetzen konnte.

Am 15. September 1934 schrieb er an P. Francisco Díez: „Es geht mir täglich besser, und nach Aussage des Arztes bin ich von meiner Diabetes geheilt. Seit vielen Tagen nehme ich überhaupt keine Medikamente mehr. Ich beschränke mich im Augenblick allein darauf, mich langsam an das Klosteressen zu gewöhnen … Vor ein paar Tagen aß ich einen großen Teller weiße Bohnen. Danach machte ich den Zuckertest und hatte absolut keinen im Urin. Montag wiederhole ich den gleichen Versuch. Und so werde ich zusehen, daß mein Organismus – zuerst einmal pro Woche, dann zweimal und so weiter – zum Normalzustand zurückkehrt. Und das wird er tun, zweifeln Sie nicht daran! Die heiligste Jungfrau hilft mir auf eine ganz wirksame Weise. […]

Von den vielen Leuten, die um meinen festen Entschluß wissen, in die ‚Trapa‘ zurückzukehren, bewundern mich die einen, und die andern halten mich für verrückt … Aber Gott, der alles weiß, weiß auch, daß weder das eine noch das andere zutrifft. Ich bin absolut kein Held, wie viele glauben, und auch keiner, der den Kopf verloren hat. Es ist ganz einfach so, daß ich die Hand an den Pflug gelegt habe und nicht zurückschauen will [vgl. LK 9,62]. Und wenn ich mich jetzt, da ich meine vollständige Heilung näherrücken sehe, zurückwenden wollte, wäre das nicht zu verzeihen. […] Ich bin mir bewußt, daß ich den Kampf von neuem aufnehmen muß, und vielleicht stärker als früher."[1]

Nicht alle seiner Bekannten und Freunde verstanden seinen Entschluss, mit seiner Krankheit wieder ins strenge Klosterleben zurückkehren zu wollen. Einmal nannte ihn ein früherer Schulkamerad „einen Egoisten, einen halben und zudem üblen Selbstmörder". Er schrieb: „Das beeindruckte mich nicht, denn

---

[1] dass., Abschnitte 221, 223

ich weiß, daß er in der Welt lebt, und die Welt ist so: sie sieht nicht mehr als das Äußerliche; sie sieht das, was im Gegensatz zu ihr steht. Sie liebt das angenehme und verweichlichte Leben, das darin besteht, gut zu essen, zu reden, zu singen und Musik zu hören, sich zu waschen und zu duschen … Mit einem Wort, das, was sich auf den Leib bezieht. Der Leib ist für den Trappisten jedoch ein wenig Lehm, der keine Aufmerksamkeit verdient und der ihn eher stört. […] Aber die Seele hingegen: bei ihr bemüht er sich, sie sauber und glänzend zu erhalten, frei vom Schmutz menschlicher Begierden."[1]

Im September schrieb er seine „Apologie eines Trappisten", in der er seine Berufung zum Trappisten in Worte fasste und sich seine Gedanken und Erfahrungen von der Seele schrieb. Obiges Zitat stammt daraus. Er machte sich auch Gedanken über die Gesellschaft, Arme und Reiche, Hass, Neid und Egoismus, von dem Gegensatz des Lebens in der Welt zum Leben in der „Trapa", von der Schönheit der Natur, die dazu anregt, Gott zu preisen, und alles, was ihm sonst noch in den Sinn kam.

In dieser Zeit erkrankte seine kleine Schwester Mercedes schwer. Ihre Eltern brachten sie nach Madrid. Die dortigen Ärzte diagnostizierten eine tuberkulöse Bauchfellentzündung ohne Heilungschancen. Man begann mit einer Strahlenbehandlung. In Torrelodones, in der Nähe von Madrid, wurde ein Haus gemietet, in dem Rafael mit seiner Mutter und dem kranken Mädchen wohnten. Es sah aus, als würde Mercedes sterben. Ihre Schmerzen wurden mit Morphium behandelt, und auf schlaflose Nächte folgten nicht enden wollende Tage. Rafael tat alles für seine Schwester und versuchte, sie mit seinen Einfällen abzulenken. Er las ihr aus Büchern vor und malte kleine Figuren und Karikaturen, die sie zum Lachen brachten. In sein Tagebuch schrieb er: „Jesus, ich sehe leiden und leide, ich sehe weinen und weine."

---

[1] dass., Abschnitt 233

Vielleicht ist das eine der Karikaturen, die er für seine Schwester zeichnete.

Eines Tages verschlechterte sich Mercedes Zustand so sehr, dass seine Mutter ihn bat, den Arzt aus Madrid zu holen. Doch der wollte nicht kommen, da er den Fall sowieso für aussichtslos hielt. Schließlich wurde sie zu ihrer letzten Bestrahlung nach Madrid gebracht und kam völlig erschöpft zurück, wobei Rafael sie in den Armen trug und ins Bett legte. Am folgenden Abend waren ihre Schmerzen so groß, dass sie bat, Gott möge sie zu sich holen. Aber Rafael sagte: „Mach dir keine Sorgen, Kleine, ich gehe jetzt sofort in die Kirche und bitte die Gottesmutter, sie möge dafür sorgen, daß ihr – Mama und du – nicht mehr zu leiden habt. Die Nacht wird gut, ganz bestimmt." Er setzte sich ins Auto und fuhr in die Kirche, um schneller wieder zuhause zu sein. Als er nach einer Viertelstunde zurückkehrte, lächelte er fröhlich und sagte: „So, das ist erledigt. Ich habe der Mutter Gottes gesagt: ‚Sieh zu, was du tust, Mutter! Mach meine Schwester wieder gesund!' Jetzt wirst du sehen, wie Maria dich heilt."

Um 11 Uhr abends erhielt sie ihre letzte Morphiumspritze. Sie schlief die ganze Nacht durch, und die Schmerzen verschwanden völlig. Nach eineinhalb Monaten hatte sie wieder ihr altes Gewicht. Rafael erschien das völlig normal, und er maß der Sache keine besondere Bedeutung zu.

Sie blieben noch weitere drei Monate in Torrelodones. Sie machten mit dem Auto Ausflüge in die Dörfer der Umgebung, und er besuchte mit seiner Schwester den Zirkus, lachte und scherzte mit ihr.[1]

Äußerlich sah Rafael wie ein weltlicher Herr aus mit einer Zigarette in der Hand, den Handschuhen, fröhlich und redselig wie früher, und lenkte mit Geschicklichkeit seinen Wagen. An anderen Tagen jedoch war er abwesend, und seine Besuche in der Kirche waren länger und häufiger, seine Spaziergänge schweigsamer.

Im Sommer versammelte sich die ganze Familie in Torrelodones. Sein Bruder Luis Fernando, der in Belgien Ingenieurwesen studierte, kehrte zurück, und Rafael holte ihn mit dem Auto am Madrider Flughafen ab.

Schließlich kehrten sie nach Oviedo zurück.

---

[1] s. dass., S. 229 f.

Am 5. Oktober 1934 entstand in Oviedo eine Revolte[1], von der Rafaels Mutter ausführlich in einem Brief berichtete. Es wurde ein Generalstreik ausgerufen, und die Versorgungsgüter wurden knapp. Posten mit Maschinengewehren wurden ganz in der Nähe ihres Hauses aufgestellt. Rafael ging trotzdem wie jeden Abend ins Kloster des hl. Dominikus, um Zeit vor dem Allerheiligsten zu verbringen.

Seine Mutter berichtete: „Er ging fort, obwohl wir schon voller Unruhe waren wegen der bedenklichen Entwicklung der Dinge. Tatsächlich wurde das Feuer um sieben Uhr eröffnet, und unmittelbar danach begann die Flucht der Menschen, die sich außerhalb ihrer Häuser befanden. Ihr könnt euch unsere Not vorstellen. Ganz verzweifelt rief ich im Kloster St. Dominikus an und berichtete, was geschehen war. (Der Pater, mit dem ich sprach und den ich bat, meinen Sohn in der Kirche zu suchen und ihn im Kloster in Sicherheit zu bringen, sagte mir mit aller Gelassenheit, daß keine Gefahr bestünde; sie hätten die Kirchentüren längst abgeschlossen, und in der Kirche sei niemand. Er zeigte sich etwas belustigt über meine angstvolle Unruhe, die er als unbegründet betrachtete. In der folgenden Nacht wurde der Konvent angezündet, und es starben fünf Dominikaner.) Wo konnte mein Rafael bloß sein?

Schließlich, um halb acht Uhr, klingelte er an der Haustür, die geschlossen worden war. Er mußte es tun, ohne die Arme zu heben, denn die Gewehre der Posten waren von allen Seiten auf ihn gerichtet. Endlich war er wieder unter uns! Von diesem Augenblick an hörten wir ohne Unterbrechung die Schüsse bis zum Sonntagmorgen, dem 14. [Oktober]"[2]

Die Rebellen drangen in Oviedo ein, da die Stadt keine ausreichende Streitmacht hatte, um sie aufzuhalten. Man konnte das Haus nicht verlassen, denn es gab überall Beschuss. Die

---

[1] https://de.wikipedia.org/wiki/Belagerung_von_Oviedo (21.5.2023)
[2] Nur Gast, S. 219

Familie zog zeitweise zur Sicherheit in den feuchten Keller und erlebte schreckliche Tage. Rebellen drangen in das Haus ein. Mercedes war immer noch nicht völlig gesund und benötigte nahrhafte Kost, doch die Vorräte gingen zur Neige. Rafael war seiner Mutter eine große Stütze. „Ich weiß sehr wohl", schrieb sie weiter, „wer uns vor dem Tod bewahrt hat, der uns von allen Seiten bedrohte; mein Engel, der Trappist, der durch Gottes Fügung seine ‚Trapa' verlassen mußte, um unser Schutz zu sein! Er, der so viel Pflege und entsprechende Nahrung benötigte, konnte in diesen Tagen weder essen noch schlafen; er ermutigte uns und versicherte, daß uns nichts zustoßen würde und daß Gott mit ihm war."[1]

Rafael brachte schließlich ein Teil der Familie nach Burgos zu Verwandten. Von dort schrieb er am 26. Oktober: „Jetzt, wenige Tage nach der schrecklichen Katastrophe von Oviedo und mit friedlicherem Gemüt und beruhigten Nerven, bemühe ich mich, meine unterbrochenen Aufzeichnungen fortzusetzen. Ich versuche nicht, einen Überblick über die Geschehnisse in den neun Tagen des anarchistischen Kommunismus zu geben, die wir Einwohner von Oviedo erlitten haben. Es war etwas so Schreckliches, daß ich mich an nichts weiter erinnere als an ein Wohnhaus, in dem wir alle wie von Sinnen waren, an unaufhörliches Widerhallen von Maschinen- und Schießgewehren und Dynamit; an ungeheure Brände, die den Himmel mit einem starken Schein von blutroter Farbe erhellten, und an Revolutionäre, die uns mit ihren Gewehren und Pistolen andauernd bedrohten.

Während mehrerer Tage sah ich den entfesselten Haß der Menschen. Unter dem Vorwand der Erneuerung der Gesellschaft, der Verherrlichung des Arbeiters und der Unterdrückung des Kapitalismus wurden in Spanien und besonders in Asturien die gräßlichsten Untaten verübt.

---

[1] dass., S. 221

Mein Geist war in diesen Tagen mit Schrecken erfüllt, und ich hätte nie gedacht, daß sich die Menschen mit solcher Grausamkeit töten und vernichten könnten."[1]

In den nächsten Monaten schrieb Rafael nicht mehr an sein Kloster, was seinen Novizenmeister verwunderte. Schließlich schrieb er ihm am 21. Februar 1935: „Ich kann Ihnen wohl versichern, daß ich die Feder oft in der Hand hatte und sie ebensooft weggelegt habe. Warum nur? Ich weiß es nicht. Vielleicht meinen Sie, es sei Bequemlichkeit oder Nachlässigkeit, und daß ich mich nicht an meine lieben Brüder, die Novizen, und an meine geliebte ‚Trapa' erinnere, wie Sie in Ihrem Brief sagen.

Es ist nichts von alledem, Pater Magister – ganz im Gegenteil. […] Ich fühle mich sehr weit weg von meinem Kloster, und täglich sehne ich mich inniger nach ihm. Für mich liegt dort mein Leben, und ich merke, daß die Zeit vergeht, und erkenne nicht, was Gott von mir will … Manchmal denke ich, daß ich es tatsächlich nicht verdiene, ein Sohn des Ordens der Zisterzienser zu sein, daß meine Träume zu hoch gegriffen waren für meine armselige Person und daß Gott mich demütigt und straft … Vielleicht sündige ich aus Hochmut, und ich sage Ihnen, Pater, daß ich es gründlich büße – vielleicht weniger als ich verdient hätte.

Wenn ich an meine ‚Trapa' denke und mich in der Welt sehe, dann kommen mir die Tränen. Die Trennung von meinen Brüdern, den Novizen, stimmt mich traurig, und ich kann nichts ändern. Vielleicht verstehen Sie, warum ich Ihnen nicht geschrieben habe. Ich weiß, daß Sie mich alle mögen … Warum sollte ich Ihren Frieden stören mit meiner Not und meinen Klagen?"[2]

---

[1] dass., Abschnitt 272
[2] dass., Abschnitte 278 f.

Am 9. Oktober 1935 schrieb er an den Abt seines Klosters: „Ich bitte die Gemeinschaft also erneut darum, mich armen Menschen aufzunehmen, der nach nichts verlangt und sich nichts sehnlicher wünscht, als im Hause Gottes weilen zu dürfen."[1] Er bat allerdings nur um die Aufnahme als Oblate, da er einsah, dass sein Gesundheitszustand ihm nicht erlaubte, Mönch oder gar Ordenspriester zu werden. Ein Oblate in San Isidro lebte zwar in der Gemeinschaft, musste aber keine Gelübde ablegen und war kein volles Mitglied. So schrieb er: „Ich verdiene es nicht, Mönch zu sein, Priester werden? […] Die Gelübde? … Liebe ich Gott nicht mit all meinen Kräften? Was sollen also da die Gelübde? Nichts hindert mich daran, bei Ihm zu sein, Ihm mein Schweigen den Menschen gegenüber zu weihen und Ihn still, demütig und in der Einfachheit eines Oblaten zu

---

[1] dass., Abschnitt 311

lieben. Der hl. Benedikt nahm sie auf, und unter ihnen waren Heilige. Warum sollte ich nicht einer von ihnen sein? […] Rechnen Sie mit einem Oblaten, der nur einen einzigen Wunsch hat: Gott zu ehren, Ihn zu lieben und Ihm zu dienen mit einem Herzen, das nach nichts anderem verlangt. Er opfert Ihm sogar den Wunsch auf, die Profeß ablegen zu dürfen, weil Er es so möchte. Ich tue es – glauben Sie mir! – gern und mit Freude und ohne mir Gewalt anzutun. Ich werde mich bemühen – mit dem Beistand des Himmels, den Rat meiner Obern und der Hilfe der Kommunität, die ich darum bitte, im Gebet an mich zu denken –, ein heiligmäßiger Oblate zu sein."[1]

In dieser Zeit führte er einen sehr intensiven Briefwechsel mit seiner Tante Maria, der Herzogin von Maqueda, in der er eine gleichgesinnte Seele sah und die ihn um Hilfe auf ihrem Lebensweg bat. Sie kamen überein: „Die Briefe werden gelesen, beantwortet und zerrissen", doch seine Tante brachte es nicht übers Herz, und so blieben seine Briefe erhalten.

Wiederum sagte er seiner Familie nichts von seinem Entschluss und wollte zuerst die Antwort des Abtes abwarten. Als er seine Zusage erhielt, besprach er sich mit seiner Familie. Sein Vater traf mit dem Kloster ein Arrangement, für Rafaels zusätzliche Bedürfnisse aufzukommen und das Kloster zu unterstützen.

---

[1] dass., Abschnitte 311, 318

Als Oblate im Kloster

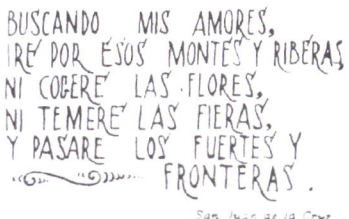

BUSCANDO MIS AMORES,
IRÉ POR ESOS MONTES Y RIBERAS
NI COGERÉ LAS FLORES,
NI TEMERÉ LAS FIERAS,
Y PASARÉ LOS FUERTES Y
FRONTERAS.

San Juan de la Cruz

Über eineinhalb Jahre hatte Rafael außerhalb des Klosters verbracht. Als er am 11. Januar 1936, zwei Jahre nach seinem Eintritt, ins Kloster zurückkehrte, hatte er in P. José Omedo einen neuen Novizenmeister, mit dem er trotz allen Bemühens kein so herzliches Verhältnis aufbauen konnte wie mit dem früheren, der gestorben war. Auch ansonsten hatte sich vieles geändert. Er musste jetzt in der Krankenabteilung leben, half dem Krankenwärter bei seiner Arbeit und durfte sich nicht mit den anderen an der Feldarbeit beteiligen. Er konnte nicht mit seinen Mitbrüdern im Schlafsaal und Refektorium zusammenkommen und war isoliert. Am Kapitel durfte er als Oblate ebenfalls nicht mehr teilnehmen. Deshalb bat er seinen Vater, er möge ihm seinen „Zeichenkram" schicken. Doch immerhin durfte er seinen früheren Novizenhabit tragen.

An seine Tante schrieb er: „Aus dem Eckchen meiner ‚Trapa' werde ich für Dich beten. Bitte auch Du, daß der Herr meine Gabe annehme. Das bedeutet ‚Oblate': Gabe."[1] „Ich bin mir meiner Berufung bewußt geworden. Ich bin kein Ordensmann, ich bin kein Laie, ich bin nichts; ich bin nichts weiter als eine in Christus verliebte Seele."[2]

Seine Stellung als ewig kranker Oblate erregte in manchen Mitbrüdern, die vom Nützlichkeitsgedanken geprägt waren, Missstimmung. Das familiäre Klima in Bezug auf ihn hatte sich verändert. Das setzte ihm zu und ließ ihn an seiner Berufung zweifeln. Als er sich mit seinem geistlichen Führer besprach, riet

---

[1] dass., S. 19
[2] dass., S. 20

dieser ihm, er möge zu den Benediktinern gehen, da diese weniger strenge Regeln und Essensvorschriften hätten, was besser mit seiner Krankheit vereinbar wäre. Zudem würden sie ihm eine Arbeit zuteilen, die seinem künstlerischen Talent entspräche. Da überkam ihn eine beklemmende Orientierungslosigkeit. Er war weder Ordensmann noch Laie und erregte Unstimmigkeiten bei seinen Mitbrüdern. Doch er spürte, dass auch das keine Lösung für ihn war und er hierher gehörte. Als er das seinem Beichtvater sagte, unterstützte dieser ihn.

Zu dieser Zeit wechselte der Abt die Beichtväter des Noviziats aus, und Rafael musste sich von seinem Seelenführer trennen. Sein neuer Beichtvater war von anderem Naturell. Er meinte, Rafael solle nicht so streng mit sich sein, sich gut ernähren und sich lange Ruhezeiten gönnen, bis er wieder gesund sei und der Gemeinschaft dienen könne. Falls das nicht einträte, müsse er austreten, denn dann habe er keine Berufung für das Leben eines Zisterziensers. So quälten Rafael erneut Zweifel. Er hatte in seinem Beichtvater künftig niemanden mehr, mit dem er

offen reden konnte, sondern nur noch jemand, um das Buß-
sakrament zu empfangen.

Nach einer gewissen Zeit meinten die Oberen, er solle Latein
lernen, um die kirchliche Laufbahn einzuschlagen und schließlich doch Priester zu werden. Das war äußerst ungewöhnlich
für einen Oblaten. Normalerweise wäre er in seinem Alter bereits Priester gewesen, und so musste er jetzt mit einer Gruppe
von 13jährigen Oblaten Latein lernen, denen das natürlich viel
leichter fiel als ihm.

Zu dieser Zeit, als er mit dem Lateinlernen begann, ließ man
ihn auch mit den Novizen wieder zur Feldarbeit, wobei er
leichtere Arbeiten verrichtete. Auch hier war er ständig im Hin-
tertreffen. Doch die Schönheit der Natur, der Schöpfung Gottes, entschädigte ihn. „Eines Tages, ganz eingenommen von
diesem Gedanken, schnitt er ein Blümchen ab, und nachdem er
es einige Augenblicke betrachtet hatte, zeigte er es dem Arbeitsvorsteher, P. Francisco Díez. Er pries die liebevolle Fürsorge des Herrn, die sich in dieser kleinen Aufmerksamkeit
zeigte. Der Arbeitsvorsteher stellte sich vor Rafael und antwortete ihm trocken, indem er die kleine Blume gleichgültig an-
schaute: ‚Lassen Sie die Blumen und arbeiten Sie, denn das ist
es, was Sie zu tun haben!‘ Dem armen Oblaten fiel die Blume
aus der Hand, so als verließe ihn die Kraft. Er legte weiter die
Disteln mit dem Rechen um, ohne die Augen vom Boden zu
erheben. Das Herz Rafaels war allein inmitten der anderen Ar-
beiter.“[1]

Die Oberen sahen ein, dass ihn die Feldarbeit erschöpfte, und
trugen ihm Arbeiten im Haus auf. Fortan fehlte Rafael die
Schönheit draußen in der Natur. Er war aufs Haus beschränkt.
Er verbrachte seine Tage entweder mit Putzen in der Krankenabteilung, mit dem Einwickeln von Schokolade in der Fabrik
oder damit, Gemüse zu putzen. Oft arbeitete er allein, weil

---

[1] dass., S. 381

seine Mitnovizen draußen bei der Feldarbeit waren. Beim ge-
meinsamen Chorgebet blühte er wieder auf. Doch dann kam
der Tag, an dem die Oberen meinten, dass er wegen des langen
Stehens und seiner Müdigkeit nicht mehr daran teilnehmen
sollte. Fortan stand er hinter den Säulen des Chors, oft mit Tränen in den Augen. Die zunehmende Ausgeschlossenheit und
Einsamkeit setzten ihm zu.

In der Krankenabteilung fühlte er sich auch nicht sehr wohl.
Sie war für ihn wie ein Käfig. Dort malte er und schrieb, aß und
schlief, lernte und betete er.

Wegen seiner Diabetes musste er mehr essen, als den Kranken
normalerweise zukam, was ihm etliche Unannehmlichkeiten

bescherte, denn der eine oder andere Kranke machte es ihm zum Vorwurf und meinte, es sei besser, er ginge wieder nach Hause, wo er sich alles erlauben könne. Sein Krankenwärter befahl ihm, alles zu essen, was man ihm gab, ohne sich um solche Kommentare zu kümmern, spritzte ihm Insulin und tat alles für ihn. Dann kam jedoch ein Nachfolger, der ihm nicht so wohl gesonnen war. Er sorge dafür, dass er weniger zu essen bekam, und hatte wenig Verständnis für ihn. Dadurch verschlechterte sich sein Gesundheitszustand. Für Rafael bedeutete das Essen eine Qual. Am liebsten hätte er überhaupt nichts gegessen und wäre an Hunger gestorben, um keinen Anstoß zu erregen. Hinzu kam, dass er sich mit P. Pio Caballeira ein Zimmer teilen musste, der an einer geistigen Krankheit litt und allen das Leben schwer machte.

Wie aus seinen Schriften zu entnehmen ist, durfte er später aber wieder eingeschränkt an der Feldarbeit und auch am Chorgebet teilnehmen. Er schrieb von der Feldarbeit im Sommer, wie sehr sie unter dem dicken Habit schwitzen mussten.

In diesem Sommer begann er, in seinen „Meditationen eines Trappisten" seine Gedanken aufzuschreiben. Briefe schrieb er kaum noch. Da begann der spanische Bürgerkrieg (1936-1939). Am 19. Juli schrieb er: „Ich hatte kaum die Feder weggelegt und war in die Kirche hinuntergegangen, als – wir warteten im Chor auf den Beginn der hl. Messe – eine Unruhe von den Mönchen Besitz ergreift … Statt der drei Priester, die die Eucharistie feiern sollten, kommt nur einer … Die Glocken läuten nicht, und wir beten das Offizium … Als wir aus der Kirche kommen, erfahren wir nur, daß in Spanien die Revolution ausgebrochen ist, daß auf der Straße Soldaten zu sehen sind und daß man von einem Aufstand spricht. Mehr weiß ich nicht. […] Wir sind in Gottes Händen, Was mag in Spanien los sein? Ich weiß von nichts; zu uns Novizen gelangen keine Nachrichten."[1]

Rafael erfuhr auch weiterhin nicht genau, was sich ereignete. Doch hin und wieder hörte er Schüsse oder das Geknatter eines Maschinengewehrs. „Die Nachrichten, die zu mir gelangen, sind verworren … Man sagt mir, in Madrid habe der Kommunismus die Macht ergriffen. Man spricht von Heeren, die vom Süden her nach Spanien eindringen, von Faschismus. […] Kurzum, alles ist ein Durcheinander."[2]

Hin und wieder bekam er Besuch von seinen Eltern. Alle redeten nur noch vom Krieg. Die Abtei erhielt schließlich wegen der Luftangriffe Anweisungen, nachts so wenig Licht wie möglich zu machen. „Da sich bei uns das Leben gerade nachts abspielt und wir um zwei Uhr früh schon herumtanzen, ist es ein wenig kompliziert, im Dunkeln zu tappen … Wir sehen aus wie Geister. Das Offizium beten wir im Kapitelsaal der Laienbrüder, denn das ist der einzige Raum, in den wir alle hineinpassen und wo wir die Fenster geschlossen halten können. […] Ich habe das Glück, nichts aus der Zeitung zu hören, da ich nicht ins Refektorium gehe, und so fülle ich meinen Kopf nicht an mit Lügen und absurden Widersprüchen; denn für den, der abseits von der Welt lebt und nicht mit eigenen Augen sieht, was vor sich geht, ist es besser, nichts zu wissen."[3]

Am 29. September musste Rafael die Abtei zum zweiten Mal verlassen, weil er zur Armee eingezogen wurde. Doch wegen seiner Krankheit wurde er als untauglich eingestuft. Viele junge Mönche waren zur Armee eingezogen worden, und Rafael litt darunter, als er seine Brüder gehen sah und selbst als nicht einsatzfähig galt und damit seine patriotischen Pflichten nicht erfüllen konnte. Wieder zog er weltliche Kleidung an und

---

[1] dass., Abschnitt 663. Am 18. Juli 1936 begann der Spanische Bürgerkrieg.
[2] dass., Abschnitt 665
[3] dass., Abschnitte 738 f.

rauchte wieder. Er war bei seiner Familie, die zunächst nach Burgos geflüchtet war und später in das kleine kastilisches Dorf Villasandrino (Provinz Burgos), wo sie Ländereien besaß.

Dritte Rückkehr in die Trapa

Am 6. Dezember 1936 kehrte Rafael zum dritten Mal nach La Trappe zurück. Er begann jetzt mit seinem Tagebuch, das er „Mein Heft" nannte. Einer seiner ersten Einträge lautet: „Tag für Tag vollbringt Jesus Sein Werk im Herzen Seiner Freunde. Schritt für Schritt entzieht Er der Seele – manchmal behutsam, manchmal mit einem Schlag – viele Dinge, die sie an die Erde und an die Geschöpfe bindet. Lassen wir Ihn gewähren!"[1]

Am 12. Dezember 1936 schrieb er die Pirouetten der Rüben" in sein „Heft", die sehr an Bruder Lorenz von der Auferstehung erinnert und wieder den alten, humorvollen Rafael zum Vorschein bringt: „Drei Uhr nachmittags an einem regnerischen Tag im Monat Dezember. … Es ist Arbeitszeit, und da Samstag ist und klirrende Kälte herrscht, zieht man nicht aufs Feld hinaus. Wir arbeiten in einem Raum, in dem Linsen sortiert, Kartoffeln geschält, Kohlköpfe kleingeschnitten werden usw. – wir nennen ihn das ‚Labatorium' [Arbeitszimmer]. Darin gibt es einen langen Tisch und einige Bänke, ein Fenster und darüber ein Kreuz.

---

[1] dass., S. 19

Es ist ein trauriger Tag: sehr dunkle Wolken, ein Wind, der nicht weiß, ob er mehr oder weniger kräftig blasen soll, einige Regentropfen, die wie lustlos fallen und an den Scheiben lecken, und alles beherrschend: eine Kälte, die dieses Landes und der Jahreszeit würdig ist.

Sicher ist jedenfalls, daß man – abgesehen von der Kälte, die ich in meinen eisigen Füßen und erstarrten Händen spüre – sagen kann, daß ich mir das alles nur vorstelle, denn ich habe kaum zum Fenster geschaut. Der Nachmittag, den ich heute erlebe, ist trüb, und traurig erscheint mir alles. Für mich liegt etwas Bedrückendes in der Stille, und es sieht aus, als bestünden ein paar Teufelchen hartnäckig darauf, mich wütend zu machen mit etwas, das ich Erinnerungen nenne … Geduld haben und abwarten!

Man hat mir ein Messer in die Hand gegeben und vor mich hin einen Korb mit einer Art von sehr großen weißen Möhren gestellt, die sich als Rüben entpuppen. Ich hatte sie noch nie gesehen, so groß und so kalt … Was will man machen? Es bleibt mir nichts anderes übrig, als sie zu schälen.

Die Zeit vergeht schleppend, und auch mein Messer fährt nur langsam zwischen Schale und Fleisch der Rüben hindurch, die ich wunderschön geschält beiseitelege.

Die Teufelchen führen weiterhin Krieg gegen mich. Warum nur habe ich mein Elternhaus verlassen und bin hergekommen, um in dieser Kälte diese so hässlichen Dinger zu schälen!! Es ist wirklich lächerlich, mit der Ernsthaftigkeit eines Trauerbeamten Rüben zu schälen.

Ein winziger und sehr scharfsinniger Teufel schlüpft ganz tief in mich hinein, und auf sanfte Weise erinnert er mich an mein Zuhause, an meine Eltern und Geschwister, an meine Freiheit, die ich zurückgelassen habe, um mich hier zwischen Linsen, Kartoffeln, Kohlköpfen und Rüben einzusperren.

Es ist ein trüber Tag … Ich schaue nicht zum Fenster, aber ich kann erraten, wie's dort aussieht. Meine Hände sind gerötet – rot wie die Teufelchen – und meine Füße vor Kälte erstarrt … Und die Seele? Herr, vielleicht leidet die Seele ein wenig. Aber das macht nichts. Suchen wir Zuflucht in der Stille!

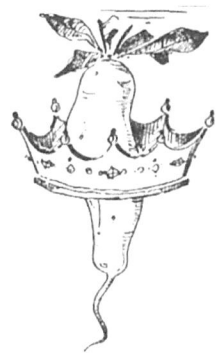

Die Zeit vergeht mit meinen Gedanken, den Rüben und der Kälte, als plötzlich und schnell wie der Wind ein helles Licht in meine Seele dringt, ein göttliches Licht, Sache eines Augenblicks … Jemand fragt mich, was ich tue. Was ich tue? Heiligste Jungfrau, was für eine Frage! Rüben schälen …, Rüben schälen! Wozu? Und das Herz macht einen Sprung und antwortet, ohne groß nachgedacht zu haben: Ich schäle Rüben aus Liebe – aus Liebe zu Jesus Christus!

Ich kann nichts sagen, was man wirklich begreifen könnte. Ich sage jedoch, daß dort drinnen, tief drinnen in der Seele ein ganz großer Friede die Verwirrung ablöste, die ich vorher empfunden hatte. Ich kann nur sagen, dass man die kleinsten Dinge des Lebens in Akte der Liebe zu Gott verwandeln kann […], dass das Schälen einiger Rüben aus echter Liebe zu Gott Ihm genau so viel Ehre und uns ebenso viele Verdienste erwirken kann wie die Eroberung Amerikas. Der Gedanke daran, dass ich einzig und allein durch Seine Barmherzigkeit das große Glück habe, etwas für Ihn zu leiden, ist etwas, das die Seele mit einer solchen Freude erfüllt, dass ich – wenn ich mich von meinem inneren Drang hätte leiten lassen – am liebsten angefangen hätte, Rüben nach rechts und links zu werfen, um diesen armen Wurzeln des Erdbodens die Freude meines Herzens zu vermitteln. … Ich hätte echte Jongleurkunststücke mit den Rüben, dem Messer und der Schürze zustandegebracht.

Ich lache Tränen (vielleicht aufgrund der Kälte) über die roten Teufelchen, die sich – erschreckt über meine Veränderung – zwischen den Säcken mit Kichererbsen und in einem Korb voller Kohlköpfe verstecken, die dort stehen.

Worüber kann ich mich beklagen? Wieso sollte ich mich betrüben über etwas, das nur Grund zur Freude ist? Wonach mehr könnte ein Mensch verlangen als danach, ein wenig zu leiden für einen gekreuzigten Gott?

Wir sind nichts und gelten nichts; wir gehen ebensoschnell in der Versuchung unter, wie wir uns getröstet erheben bei der kleinsten Berührung der Liebe Gottes.

Als die Arbeit begann, bedeckten Wolken der Traurigkeit den Himmel. Die Seele litt, als sie sich am Kreuz sah; alles belastete sie sehr: die Regel, die Arbeit, das Schweigen, der Mangel an Licht an einem so trüben Tag, so grau und so kalt, der Wind, der durch die Fenster blies, der Regen und der Schlamm, das Fehlen der Sonne … Und die Welt: so weit weg …, so weit entfernt … Und ich schälte währenddessen Rüben, ohne an Gott zu denken.

Aber alles geht vorüber, sogar die Versuchung … Die Zeit verging, schon trat Ruhe ein, schon wurde es licht. Nun ist es mir einerlei, ob der Tag kalt ist, ob es Wolken gibt, der Wind bläst oder die Sonne scheint. Mir geht es darum, meine Rüben zu schälen, ruhig, glücklich und zufrieden, und auf die Jungfrau Maria zu schauen und Gott zu preisen.

Was soll die Betrübnis eines Augenblicks, das Leid einer kurzen Zeit! ... Ich kann sagen, dass es keinen Schmerz gibt, der nicht seinen Ausgleich hätte in diesem oder im anderen Leben, und daß in Wirklichkeit sehr wenig von uns verlangt wird, um den Himmel zu verdienen. [...] Lasst uns die Zeit gut nutzen! Lasst uns dieses gesegnete Kreuz lieben, das der Herr auf unsern Weg stellt, wie immer es auch sei oder sein wird!

Nützen wir die kleinen Dinge des täglichen Lebens, des gewöhnlichen Lebens! Um große Heilige zu sein, bedarf es nicht großer Dinge; es genügt, die kleinen Dinge auf großartige Weise zu tun. [...]

Wichtig ist, etwas für Ihn zu tun, sich an Ihn zu erinnern ... Der Ort, die soziale Stellung und die Tätigkeit sind unwichtig.

Gott kann mich heilig machen, ob ich nun Kartoffeln schäle oder ein Reich regiere. [...}

Als die Arbeit beendet war und ich mich im Gebet zu Füßen des toten Jesus begab ..., stellte ich dort einen Korb mit fein geschälten, sauberen Rüben nieder. ... Ich hatte Ihm nichts anderes anzubieten; aber Gott genügt irgend etwas, was Ihm mit ganzem Herzen geschenkt wird, seien es nun Rüben oder Kaiserreiche."[1]

Rafael verbrachte seine ersten Weihnachten im Kloster. Er lebte jetzt allein in seinem Zimmer in der Krankenstation und schrieb in sein Heft: „Meinen Himmel auf Erden, den habe ich in meiner Zelle. [...] Ich bin nicht allein. In meinem Krankenzimmer lebt Christus, da lebt Maria ... In meiner Zelle gibt es vor allem etwas: Stille, Frieden, Freude. Da ist ein Ordensmann, der vom Himmel träumt; von einem Himmel ohne Leid und Tränen; von einem Himmel, nicht wie der, den er hat, denn das ist ein irdischer Himmel, ein Himmel zwischen Mauern ... Mein Himmel ist meine Zelle. In ihr herrscht Stille, Frieden und Freude. Ich lebe mit den Heiligen zusammen; mich begleitet Christus; ich träume von Maria."[2]

Seine Krankheit verschlimmerte sich jedoch wieder, und er musste das Kloster zum dritten Mal verlassen. Ein weiterer Grund war, dass der Orden wegen des Krieges in finanziellen Schwierigkeiten steckte. Am 7. Februar 1937 schrieb er: „Bei diesem dritten Mal, da ich mein Ordensgewand ablege, sehe ich die Hand Gottes so deutlich, daß es mir einerlei ist. Gott verläßt mich nicht und prüft mich nicht, Er liebt mich."[3]

---

[1] dass., Abschnitte 772-779
[2] dass., Abschnitt 875
[3] dass., S. 19

Erneut zuhause

Villasandino, das Dorf, Stillleben vom Speicher, die Kirche

73

Am 7. Februar 1937 kehrte Rafael zu seinen Eltern zurück, die sich in Villasandino, einem Dorf in der Gegend von Burgos, aufhielten. Er malt jene Gegend und das Dorf, spaziert durch Felder, plaudert mit Knechten und Pächtern und interessiert sich für die Ländereien, die seine Eltern dort besaßen. Er besuchte die Karthause in der Nähe, in die vier Jahre später sein Bruder Luis Fernando eintreten würde.

In dieser Zeit schrieb er nur sehr wenige Briefe. Am 18. März schrieb er an seinen Onkel Polin: „In dem Maße, in dem mich der Herr von einem Ort zum anderen schickte – ohne bleibenden Aufenthaltsort –, in dem Maße, in dem Er mir zu verstehen gab, was ich bin, und mich einmal sanft, dann wieder mit harten Schlägen von den Geschöpfen loslöste, auf diesem ganzen Weg, den ich sehr klar vor mir sehe, habe ich etwas gelernt und hat sich meine Seele umgewandelt … Ich weiß nicht ob Du mich verstehst, aber ich habe gelernt, die Menschen zu lieben, wie sie sind, und nicht, wie ich sie mir wünsche. Und meine

Seele – mit oder ohne Kreuz, gut oder schlecht, hier oder dort, wo immer Gott sie hinstellt und wie Gott sie haben will – hat eine Umwandlung erfahren … Ich weiß mich nicht auszudrücken, mir fehlen die Worte …, aber ich nenne das, was ich gelernt habe, Gelassenheit.“[1]

Der lange Aufenthalt auf dem Land tat ihm gut, und er sah gesünder aus. Im Oktober wurde er in Burgos ärztlich untersucht. Er hatte jedoch nach wie vor hohen Zucker und wurde erneut für den Kriegsdienst als untauglich eingestuft. Trotzdem dachte er nun daran, ins Kloster zurückzukehren.

Am 1. November 1937 schrieb er an Bruder Tescelino, einen Novizen: „Ich schrieb Pater Abt und teilte ihm mit, daß ich nach der ärztlichen Untersuchung ins Kloster zurückkehren würde. Pater José antwortete mir und sagte, daß ich zurückkommen könne, wann ich wolle, und daß die Türen immer geöffnet seien für mich … Aber ich solle es mir gut überlegen und nicht voreilig handeln, da sie im Augenblick keinen Krankenwärter haben. Es wäre bedauerlich, wenn sich das Gleiche wiederholte.

Menschlich gesehen ist das sehr vernünftig, meinst Du nicht? Aber was soll ich tun? Also schau, ich denke Folgendes – mal sehen, was Du davon hältst:

Stell Dir vor, Du bist krank zu Hause, umgeben von so viel Fürsorge und Aufmerksamkeit, fast lahm, unbrauchbar …, letztendlich unfähig, Dir selbst zu helfen. Aber eines Tages siehst Du unter Deinem Fenster Jesus vorbeiziehen … Wenn Du beobachtest, daß eine Menge von Sündern, Armen, Kranken und Aussätzigen Jesus folgt, wenn Du merkst, daß Jesus Dich ruft und Dir einen Platz in Seinem Gefolge gibt und Dich mit diesen göttlichen Augen ansieht, die Liebe, Zärtlichkeit und Vergebung ausstrahlen und Dir sagen: ‚Warum folgst Du mir nicht?‘ … Was würdest Du dann tun? Würdest Du etwa

---

[1] dass., Abschnitt 884

antworten: ‚Herr, ich würde Dir ja folgen, wenn Du mir einen Krankenwärter zur Verfügung stellst …, wenn Du mir Mittel gäbst, um Dir mit aller Bequemlichkeit und ohne Gefahr für meine Gesundheit zu folgen …; ich würde Dir folgen, wenn ich gesund und kräftig genug wäre, um mir selbst zu helfen …'

Nein, wenn Du die Güte in den Augen Jesu gesehen hättest, dann hättest Du all diese Einwände nicht vorgebracht; dann wärest Du vielmehr von Deinem Krankenlager aufgestanden, ohne an Deine Pflege und ohne auch nur im geringsten an Dich selbst zu denken. Du hättest Dich dem Gefolge Jesu angeschlossen, auch wenn Du der letzte gewesen wärst …; hör gut zu: der letzte. Du hättest Ihm gesagt: ‚Ich komme, Herr. Meine Leiden, nicht einmal der Tod, weder Essen, noch Schlafen sind mir wichtig … Es ist mir alles einerlei, auch wenn der Weg, auf den Du mich führst, schwierig, steil und voller Dornen sein sollte. Es macht mir nichts, auch wenn Du vielleicht willst, daß ich mit Dir am Kreuz sterbe. […] Glaubst Du nicht, Bruder, daß Du Ihm gefolgt wärest und daß nichts in der Welt und nichts von Dir selbst Dich davon abgehalten hätte? Nun gut, genauso geht es mir. […] Beneide mich nicht, Bruder, aber Gott liebt mich sehr.'"[1]

Rafael war sich bewusst, dass er durch seine Rückkehr ins Kloster sein Leben verkürzen würde. Trotzdem war er sich sicher, dass dort – und nur dort – sein Platz war.

---

[1] dass., Abschnitte 966 f.

Die letzten Monate im Kloster

Am 15. Dezember 1937 kehrte Rafael in die Abtei zurück, und diesmal bis zum Ende seines Lebens, das nicht mehr lange auf sich warten ließ. Es blieben ihm nur noch gut vier Monate. Er schrieb: „Ich wünschte, daß mein armes krankes Leben eine Flamme wäre, die sich aus Liebe langsam verzehrt."[1] Er betrachtete sein Leben als ein Martyrium der Berufung, und zugleich war er unendlich glücklich. So sagte er einmal: „Tausendmal würde ich es tun, wenn ich tausend Leben besäße."[2]

Er war wieder in der Krankenabteilung und lernte Latein, doch er wusste, dass er wohl nicht mehr lange leben würde. Auf Anraten seines Beichtvaters Teófilo Sandoval begann er ein neues „Heft", das er „Gott und meine Seele" nannte. Er schrieb von Trost und Trostlosigkeit, vom Verzichten und Loslassen, von der Liebe zum Kreuz und seinen Gedanken und Empfindungen.

Am Tag nach seiner Rückkehr ins Kloster schrieb er: „Der gestrige Tag, an dem ich mein Elternhaus, meine Eltern und Geschwister verließ, gehörte zu den schwersten meines Lebens. Es ist das dritte Mal [Irrtum: das vierte Mal], daß ich sie verlasse, um Jesus nachzufolgen, und ich glaube, daß es diesmal ein Wunder Gottes war; denn aus eigener Kraft hätte ich sicher nicht in die Krankenabteilung der ‚Trapa' zurückkehren können, wo mich sowohl Mühe und Hunger aufgrund meiner Krankheit als auch Einsamkeit des Herzens erwartet, denn ich sehe die Menschen weit entfernt. Gott allein …! Gott allein! Gott allein! Das ist mein Thema, das ist mein einziger Gedanke. Ich leide sehr. Maria, Mutter hilf mir!"[3]

---

[1] dass., S. 19
[2] dass.
[3] dass., Abschnitt 999

Der Abt war Rafael sehr wohlgesonnen. Er trug ihm zuweilen auf, Pläne für das Kloster zu erstellen. Auch veranlasste er, dass er am Ostersonntag die Kulle (ein Überwurf mit Kapuze mit sehr weiten Ärmeln) und das schwarze Skapulier des Mönchs erhalten sollte. Damit würde er sich äußerlich nicht mehr vom echten Ordensmann unterscheiden, außer der Tonsur, die er nicht tragen durfte.

Im März kam ihn sein Bruder Luis Fernando besuchen, der zu dieser Zeit an der Front kämpfte, aber gerade auf Heimaturlaub war. Es war ein Monat vor Rafaels Tod. Rafael öffnete seinem Bruder sein Herz und erzählte ihm von seinem Leiden, dass die Liebe ihn fast verzehre, er ihr aber nicht entsprechen könne. In diesem Zustand weiterzuleben, fiele ihm sehr schwer.

Als er am Ostersonntag vom Abt die Kulle und das schwarze Skapulier überreicht bekam, schrieb er, wobei sein früherer Humor wieder durchbricht: „Ich würde lügen, wenn ich sagte, ich hätte mich heute nicht von der Eitelkeit mitreißen lassen. Wie armselig bin ich doch."[1] Und einen Tag später schrieb er

---

[1] dass., Abschnitt 1187

an seinen Bruder Leopoldo: „Ich bin ganz glücklich mit meinen weiten Ärmeln, obwohl ich nicht weiß, was ich damit anfangen soll. Ach, lieber Bruder, wenn ich nur so viel Liebe zu Gott hätte, wie ich Stoff im Überfluß habe.“[1]

Es schien ihm besser zu gehen. Sein Vater besuchte ihn in der Osterwoche und meinte, er sehe besser aus als je zuvor.

„Nach dem Mittagessen spazierten die beiden [Rafael und sein Vater] – begleitet von Pater Abt – durch den Klostergarten, besuchten die landwirtschaftlichen Einrichtungen, hörten den Plänen von Pater Abt über die neuen Gebäude und notwendigen Räume zu, für die ihm Bruder Maria Rafael die Entwürfe erstellen würde. – Du mußt mir das große Zeichenbrett schicken, ein Buch über die Widerstandsfähigkeit von Materialien und eine Reihe von Dingen, von denen ich dir eine Liste geben werde – sagte er voller Vorfreude auf eine Arbeit, die ihm sehr zusagte. – Sie sehen schon – meinte Pater Abt –, es geht ihm sehr gut. Bald beendet er sein Lateinstudium, und dann werden wir ihn gleich zum Priester weihen. Meinst du nicht auch? – fragte er und schaute mit liebevoller, väterlicher Herzlichkeit auf Bruder Rafael und duzte ihn, da sie vertraulich beieinander waren. Hast du keine Lust, die Weihen zu empfangen? – Mir

---

[1] dass., Abschnitt 1190

ist das einerlei, Pater, denn solange ich Trappist sein darf, ist es mir einerlei, ob ich geweiht werde oder nicht. Ihm war alles einerlei. Er wünschte nur noch das, was Gott wollte. Sie verabschiedeten sich. Der Vater konnte nicht ahnen, daß er seinen Sohn zum letzten Mal in die Arme schloß."[1]

Am 22. April bemerkten die Mönche, dass Rafael sehr müde und schwach war. Er verließ häufig sein Krankenzimmer, da er viel Urin ausscheiden musste. Er enthielt viel Zucker. Er bekam hohes Fieber, das zeitweise so hoch stieg, dass er im Delirium war. Zudem hatte er heftige Schmerzen. Manchmal bekam er Zuckungen. Wenn diese Krisenmomente vorüber waren, war er völlig gelassen. Er klagte nicht über den Hunger und Durst, die ihn quälten. So vergingen einige Tage.

Am 24. nachts stand er mühsam auf und tastete sich mit wankenden Schritten und von Fieber zittrigen Händen an der Wand entlang zum Wasserhahn am Ende des Flurs. Seine Lippen berührten bereits den Hahn, doch er trank dann doch nicht und

---

[1] dass., S. 625, zitiert aus: Vida y Escritos de María Rafael, S. 551 f.

brachte es als Opfer dar. Er dachte an Jesus, der durstig am Kreuz gestorben war. Der Krankenwärter hatte es beobachtet. Auf dessen liebevollen Vorwurf antwortete er ihm: „Machen Sie sich keine Sorgen, Bruder, ich weiß sehr wohl was ich tue."

Am 25. April erhielt er die Krankensalbung, konnte aber nicht mehr kommunizieren. Er konnte nicht mehr sprechen und verstand kaum noch, was man zu ihm sagte.

Am 26. war er eine Weile bei Bewusstsein und fühlte sich besser, als der Novizenmeister José Olmedo und ein anderer Pater ihn sehr früh besuchten. Man machte ihm Hoffnung auf Besserung, aber er erwiderte nur, dass er sein Ende nahe fühle und es nicht mehr lange dauern würde, bis er in den Himmel ginge.

Um sechs Uhr am Morgen begann der Todeskampf. Während die Sterbegebete gesprochen wurden, hatte er einen heftigen Krampf, wobei sein Gesicht ganz entstellt war. Kurz darauf kehrte er in seinen normalen Zustand zurück und starb mit einem Lächeln auf den Lippen. Die Todesurkunde bescheinigte ein Zuckerkoma. Gut zwei Wochen zuvor war er 27 geworden.

Seine Familie konnte nicht am Begräbnis teilnehmen, denn trotz der Versuche der Mönche, sofort Kontakt mit ihr aufzunehmen, war es wegen der Zustände des Bürgerkriegs nicht möglich. Als Rafaels Vater eintraf, war er bereits auf dem Klosterfriedhof beigesetzt worden.

Vermutlich wäre Rafael in Vergessenheit geraten, wenn nicht sein Onkel Leopoldo ein Buch über Rafaels Leben und Schriften mit dem Titel „Un Secreto de la Trapa el Hermano Rafael" geschrieben hätte, das 1944 veröffentlicht wurde. Die Wirkung dieses Buches war enorm. Seine Mutter veröffentlichte zudem 1947 seine Schriften (Vida y Escritos de María Rafael).

1965 wurde Rafael in ein Grab im Westflügel des Kreuzgangs umgebettet und liegt seit 1972 in einer Kapelle der Abteikirche. Der 1960 eingeleitete Seligsprechungsprozess kam 1992 feierlich zum Abschluss, und Rafael wurde von Papst Johannes Paul II. seliggesprochen. Im Oktober 2009 sprach Papst Benedikt XVI. ihn heilig.

Chronologie

1911

9. April: geboren in Burgos

21. April: Taufe in der Kirche Santa Águeda. Er erhält den Namen Rafael Arturo Álvaro José.

1919

25. Oktober: Erstkommunion in der Kirche des Klosters der Heimsuchung (Salesianer) in Burgos

1920

Ab Oktober Schüler bei den Jesuiten und Mitglied der Marianischen Kongregation

1922

Die Familie zieht nach Oviedo.

1923

Besucht das Gymnasium San Ignacio der Gesellschaft Jesu in Oviedo

1926

Malunterricht bei Eugenio Tamayo

1930

15. April: Bachelor-Abschluss an der Universität von Oviedo

26. April: Aufnahme auf der Höheren Schule für Architektur in Madrid

23. September: Erster Besuch im Zisterzienserkloster von San Isidro de Dueñas (Palencia)

1931

Im Februar wird er als aktives Mitglied in die Adoratio Nocturna in Oviedo aufgenommen.

1932

Vom 17. bis 26. Juli Exerzitien im Zisterzienserkloster San Isidro de Dueñas

17. September: Rafael verlegt seinen Wohnsitz wegen seines Studiums nach Madrid.

1933

Vom 25. Januar bis zum 26. Juli leistet er den obligatorischen Militärdienst im Ingenieurkorps ab.

1934

Am 15. Januar tritt er ins Postulat und einen Monat später ins Noviziat des Klosters San Isidro de Dueñas (Palencia) ein, wo er vier Monate die gesamte Regel befolgt.

26. Mai: Auf Wunsch seiner Oberen kehrt er, schwer an Diabetes erkrankt, nach Hause zurück, um seine Gesundheit wiederherzustellen.

1936

11. Januar: Rafael kehrt als Oblate ins Kloster zurück, da er aufgrund seiner Krankheit weder das Noviziat noch die Ordensgelübde ablegen kann.

29. September: Er verlässt das Kloster mit anderen jungen Mönchen, die anlässlich des Spanischen Bürgerkriegs 1936-1939 einberufen werden.

6. Dezember: Nachdem er für völlig untauglich für den Militärdienst erklärt wird, kehrt er wieder ins Kloster zurück.

1937

7. Februar: Da sich seine Krankheit verschlimmert und ange-
sichts der schwierigen Bedingungen des klösterlichen Lebens
während der Kriegsjahre, schicken die Oberen ihn wieder
nach Hause.

15. Dezember: Trotz der Annehmlichkeiten und der Pflege
zuhause geht Rafael wieder ins Kloster zurück.

1938

26. April: Rafael stirbt. Am folgenden Tag wird sein Leich-
nam nach der feierlichen Beerdigung auf dem Friedhof der
Zisterziensergemeinschaft der Trapa des Heiligen Isidro von
Dueñas beigesetzt.

1965

18. November: Exhumierung und Überführung der sterblichen Überreste von Bruder Rafael vom Gemeinschaftsfried-
hof der Trapa in die Gruft im Prozessionskreuzgang im Westflügel

1972

13. November: Die sterblichen Überreste von Bruder Rafael
werden von der Grabstätte im Prozessionskreuzgang in die
Abteikirche San Isidro de Dueñas überführt.

1992

27. September: Papst Johannes Paul II. spricht ihn auf dem
Petersplatz in Rom zusammen mit anderen Dienern Gottes selig.

2009

11. Oktober: Heiligsprechung durch Papst Benedikt XVI.

Literaturverzeichnis

Cobos Soto, Antonio: La Pintura Mensaje del Hermano Rafael, San Isidro de Dueñas, o.J.

Gonzalo, Maria Fernández: God Alone: A Spiritual Biography of Blessed Rafael Arnáiz Barón, Michigan: Cistercian Publications, 2008

Mohr, Ingrid; Gallego, Tomás: Wenn ich tausend Leben hätte …: Rafael Arnaíz Barón – Student, Künstler, Mönch und Mystiker, Grevenbroich: Bernardus, 2006

Nur Gast auf Erden?: Rafael Arnáiz Barón: Mystiker und Mönch, Grevenbroich: Bernardus, 1996 (ernstmalige deutsche Gesamtausgabe seiner Schriften)

Vida y Escritos de María Rafael Arnáiz Barón, Monye Trapense, 11. Aufl., Madrid, 1984